1910
Kartoffeln

Andreas Odenwald

SYLT

Champagnerluft
und Nordseerausch

Mit Fotografien
von Michael Rosch

Sanssouci

2 3 4 5 08 07 06 05

ISBN 3-7254-1303-7

Einband, Schuber und Vorsatz: Birgit Schweitzer, München, unter Verwendung von Fotos von Katrin Huth, Christiane Gemmel und Michael Rcsch. Karte: Achim Norweg, München. Vielen Dank an Christian von Savigny. Satz: Satz für Satz. Barbara Reischmann, Leutkirch. Druck und Bindung: Kösel GmbH, Krugzell. Printed in Germany

»Sylt – fährt man denn da heute noch hin?«

Eine schöne Einladung: Dinnerparty in Grünwald. In dem blitzblanken Vorort Münchens mit seinen weißen Villen und Gartenhäuschen, die allein so groß sind wie andernorts ein Eigenheim, leben die, wie man so sagt, besseren Stände.
Das beherrschende Tischgesprächsthema der ersten beiden Stunden ist Reisen und Urlaub. Bis auf wenige Ausnahmen besteht die Partygesellschaft aus zwei Fraktionen. Die Besitzer einer Immobilie auf Mallorca sind in der Mehrheit. Sie freuen sich auf die nächsten Ferien dort, erzählen stolz von ihren Fincas und Schiffen, tauschen Erfahrungen aus. Falls sich überhaupt ein Schatten auf ihre Begeisterung legt, dann allenfalls die unisono beklagte Unpünktlichkeit und mangelhafte Arbeitsmoral der mallorquinischen Handwerker.
Die Mitglieder der anderen Fraktion sind eine Spur weltläufiger und wohlhabender. Sie machen am liebsten in First-Class-Hotels in der Karibik, auf Mauritius oder den Malediven Urlaub, als Individualtouristen wohlgemerkt und nicht etwa in einer Reisegesellschaft. Der wohlgenährte, joviale Chef einer Supermarktkette berichtet von seinem Plan, zur Feier des 50. Geburtstags seiner Frau eine Yacht zu chartern und mit ausgewählten Freunden eine Woche lang durch den Indischen Ozean zu schippern. Natürlich wagt niemand am Tisch die Frage zu stellen, aber man spürt, wie sie unausgesprochen im Raum steht: »Ob wir dazu wohl eingeladen werden?«
Schließlich die Frage an mich: Wo denn, bitt' schön, der Herr Journalist seine Ferien verbringe. Man stört ungern die Harmonie eines solchen Abends, doch ich zeige furchtlos

Flagge. »Für mich«, so erkläre ich laut und vernehmlich, »gibt es auf dieser Welt keinen schöneren Flecken als die Insel Sylt.« Wäre unsere Runde ein Parlament und ein Stenograph mit der Niederschrift des Geschehens beauftragt, er würde jetzt notieren: »Tumult auf den Bänken«. Ein missbilligendes Stimmengewirr bricht los. Mehrere Gäste werden laut, manche sogar schrill. Die Gattin eines Vorstandsmitgliedes verschluckt vor Schreck ein Hechtklößchen. Die Gastgeberin hält den Atem an. Das junge Fotomodell an der Seite des weißhaarigen Kunsthändlers kichert hysterisch. Der Hosenfabrikant am anderen Ende des Tisches verzieht leicht herablassend das Gesicht.

Dann legt sich die allgemeine Erregung, und es beginnt die inhaltliche Debatte meines Wortbeitrags. Es stellt sich heraus, dass die meisten Teilnehmer früher auch regelmäßig auf Sylt Urlaub gemacht haben, vorwiegend in Kampen, aber schon seit längerem die Meinung vertreten, da fahre man doch heute nicht mehr hin. Immer diese Unsicherheit mit dem Wetter, ewig dieser Wind! Der Verlust der Exklusivität! »Die Prollis und Ossis«, die sich da neuerdings »herumtreiben«! Die stets überfüllten Straßen im Hochsommer! Die miserablen, umständlichen Flugverbindungen!

»Mein Gott«, seufzt eine attraktive, schmuckbehängte Boutiquenbesitzerin, »in eindreiviertel Stunden bin ich mit dem Flieger in Palma, da steht dann schon mein Gärtner Antonio mit dem Range, und in noch mal 45 Minuten liege ich am Pool in Andraitx. Warum sollte ich mir Sylt noch antun!«

Irgendwann ist das Thema dann ausgereizt. Man verweist mich nicht des Tisches, und überhaupt – ich will fair sein – wird es noch ein sehr netter Abend. Als mildernder Umstand gilt meine Aussage, dass ich von der Insel stamme. »Mei, in der Heimat ist's doch immer am schönsten«, meint begütigend meine Tischnachbarin, eine Allgäuerin.

Nach Mitternacht, als die Sitzordnung längst aufgehoben und kaum noch jemand nüchtern ist, als alle fröhlich schnat-

ternd in Grüppchen herumstehen, kommt dann noch mal das Thema Sylt auf. Eine Fernsehredakteurin mit entzückenden dunkelblonden Ringellöckchen und knallrot geschminkten Lippen, die sich vorhin an der Debatte nicht beteiligt hat, stakst auf ihren Hochhackigen herbei, in der einen Hand das Glas mit dem After-Midnight-Champagner, in der anderen ein brennendes Zigarillo. Sie stößt mir kumpelhaft den Ellbogen in die Rippen.

»Na, Ostfriese.«

»Erlauben Sie mir, Sie zu korrigieren: Nordfriese.«

»Ist doch egal, Hauptsache Friese. Moin moin!« Sie kichert, kommt noch näher und flüstert mir ins Ohr: »Hat mir gefallen vorhin, was Sie da über Ihre Insel erzählt haben. Ich hab' mal vor Jahren einen Film über Sylt gemacht, lief im dritten Programm.«

Stimmt es wirklich, will sie wissen, dass ich selber »von da oben« komme. Ich sage, klar stimmt das, tut es ja auch, und spinne gleich noch ein bisschen Seemansgarn dazu: »Mein Vater war Fischer, wir hatten einen eigenen Krabbenkutter.« Ob sie das glaubt oder nicht, weiß ich nicht, jedenfalls fragt sie jetzt unsere so großzügige wie liebenswürdige Gastgeberin, ob sie mal kurz an den Flügel darf, der dahinten in der Ecke des Salons steht und auf dem die Tochter des Hauses sich jeden Nachmittag fluchend über Mozart und Chopin hermacht. Wie auf Knopfdruck verstummen die Gespräche, versammeln sich alle Gäste erwartungsfroh um das Musikmöbel. Die Fernsehredakteurin stellt das Champagnerglas ab, drückt ihr Zigarillo aus, setzt sich, klappt den Deckel auf, zwinkert mir verschwörerisch zu und spielt ein paar rockige Akkorde zum Warmwerden. »Yeah«, bellt der Supermarktketteninhaber los, klatscht im Takt, und alle Partygäste klatschen mit.

Und dann singt sie, die Münchnerin, leicht angeschickert und mit rauchiger Stimme, diesen zauberhaften Song von Udo Lindenberg:

»Sylt – fährt man denn da heute noch hin?«

»Hoch im Norden, hinter den Deichen, bin ich gebor'n.
Immer nur Wasser, ganz viele Fische,
Möwengeschrei und Meeresrauschen in meinen Ohr'n.
Und mein Vater war Schipper und fluchte, wenn Sturm war,
denn dann konnt' er nicht raus auf See.
Dann ging er zu Herrn Hansen, der der Chef vom Leuchtturm
war, und der sagte: Keine Panik auf der Titanic,
jetzt trinken wir erst mal einen Rum mit Tee.«

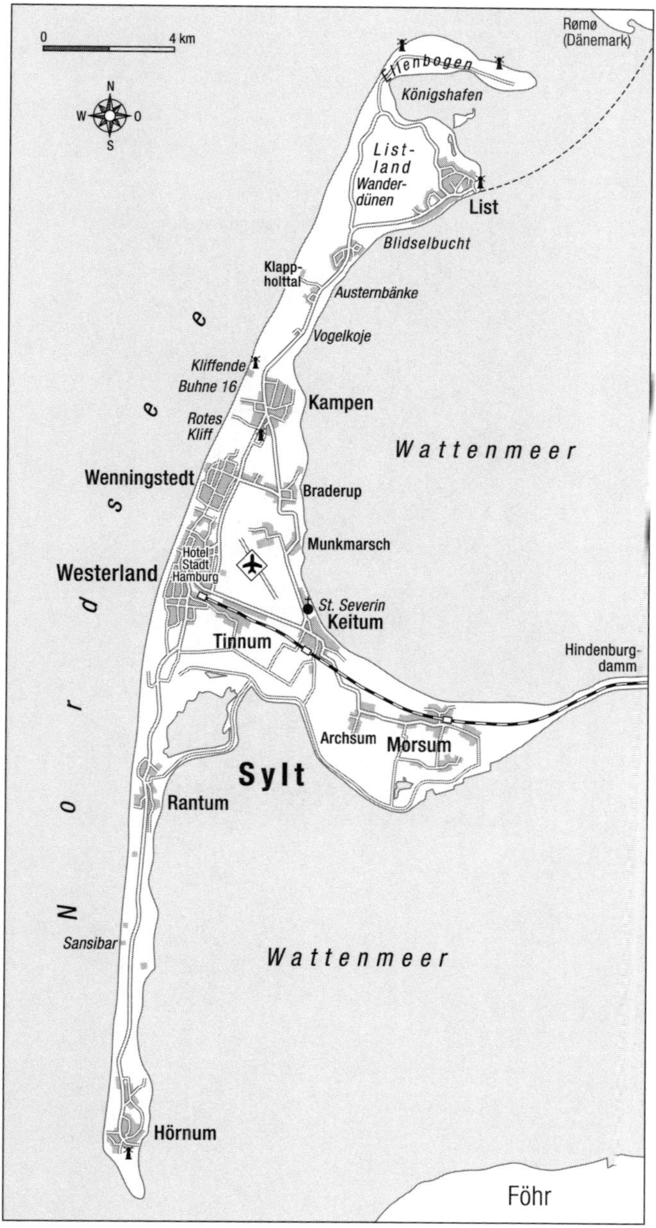
0
4 km
N
W
O
S
Rømø
(Dänemark)
Ellenbogen
Königshafen
List-
land
Wander-
dünen
List
Blidselbucht
Klapp-
holttal
Austernbänke
Vogelkoje
Kliffende
Buhne 16
Kampen
Rotes
Kliff
Wattenmeer
Wenningstedt
Braderup
Munkmarsch
Hotel
Stadt
Hamburg
Westerland
St. Severin
Keitum
Tinnum
Hindenburg-
damm
Archsum
Morsum
Sylt
Rantum
Nordsee
Sansibar
Wattenmeer
Hörnum
Föhr

Hinter Hamburg beginnt die Route 66

Ein aufregenderes Kürzel gibt es für mich nicht. Es verheißt Aufbruchstimmung und das Gefühl von Freiheit. Wo auch immer ich bin, es braucht nur jemand diese Kombination zu nennen, und schon spüre ich den Geruch der Elbe und des Meeres, höre die Möwen kreischen, fahre in meiner Fantasie über die sonnige Chaussee auf flachem Land, sehe Windräder, Windräder, Windräder.

B 5.

Buchstabe, Zahl. Das Herz eines Münchner Discofreundes mag schneller schlagen, wenn er vom legendären P 1 träumt Jeder Bluesgitarrist liebt den Akkord E 7. John le Carré ist vermutlich immer noch elektrisiert, wenn ihm jemand ins Ohr raunt: MI 5.

Ich kriege Gänsehaut bei der Chiffre B 5.

Bundesstraße 5.

Zum ersten Mal befahren habe ich sie, als ich vier Jahre alt war. Wir saßen auf der Pritsche eines klapprigen kleinen Lastwagens, mein großer Bruder und ich, mit dem Rücken zur Fahrtrichtung, ans Führerhäuschen gelehnt. Mit seiner rechten Hand umklammerte er meinen linken Arm, damit ich nicht über Bord ging. Vorne waren sie zu viert: Fahrer, Vater, Mutter und auf ihren Armen meine Schwester, ein Jahr alt, die sich, wenn sie nicht schlief, unendlichen Kummer von der Seele schrie. Der Wagen brachte uns dahin, worüber schon seit Monaten gesprochen worden war, ins neue Leben, ohne dass ich mich allerdings an diese Gespräche erinnern kann, denn meine ersten bewussten, intensiven Erinnerungen stammen von der Pritsche eben dieses Lastwagens.

Nach Sylt. Insel der Verheißung. Nur langsam zuckelnd, nehme ich an, kamen wir voran, bestimmt kaum schneller als 50 Kilometer in der Stunde, aber für mich war es ein erregender Geschwindigkeitstrip. Das Geräusch des knatternden Motors klingt mir heute noch in den Ohren: tockatockatockatockatocka.
Erinnerung an eine riesige Trümmerlandschaft; durch das winzige offene Rückfenster ruft unsere Mutter: »Kinder, wir sind schon in Hamburg.« Itzehoe, wo wir bei einem Bauern übernachteten, verbinde ich mit dem Bild einer grauen Häuserruine ohne Außenwände und auch im Innern weitestgehend zerfetzt, in der aber die Treppen von Stockwerk zu Stockwerk intakt waren. Viel mehr von der Fahrt ist nicht haften geblieben – außer drei ganz intensiven Eindrücken, die alle mit Wasser zu tun haben. Ein in einem Wäldchen verschwindender Fluss. Der von keinem Schiff befahrene Nord-Ostsee-Kanal, von dessen scharf in die Landschaft geschnittenen Uferböschungen und spiegelglatter, bewegungsloser Oberfläche eine eigentümliche Faszination ausging. Schließlich das Meer, über das mein Bruder mir auf der Pritsche bereits die unglaublichsten Geschichten erzählt hatte und das ich zum ersten Mal von der Halbinsel Eiderstedt aus erblickte: ohne Strand, ohne Wellen, ohne Grenzen, das Bild einer unendlichen Weite von bis dahin nie gesehener Schönheit und Harmonie.
B 5.
Später hat sie uns von Sylt nach Hamburg gebracht und wieder zurück, über flaches Land, weite Ebenen, vorbei an Hecken und Feldern, windzerzausten Büschen und Bäumen. Herumtollende Pferde. Endlose Kuhweiden. Koppeln mit Tausenden von Schafen, gelb, grün, rot oder blau »gestempelt«, damit die Eigner der Herden sie auseinander halten konnten. Telegrafenmasten entlang der Eisenbahnstrecke, einer nach dem anderen, bis zum Horizont, immer

kleiner werdend, mit drei, vier, fünf in der Mitte schwer durchhängenden Telefonleitungen dazwischen.
Immer ging die Fahrt mit fiebernder Erwartung einher: eine Reise ans Licht. Sylt leuchtete und Hamburg leuchtete, und die Leuchtspur zwischen beiden, das war und ist für mich immer noch die B 5, hinterm Deich durch Schleswig-Holstein.
Es gab allerdings auch eine dunkle Seite der B 5, von der ich schon früh erfuhr, als ich neun oder zehn war und mein Onkel mich zu einem Ausflug nach Lauenburg mitnahm, die alte malerische Schifferstadt an der Elbe, im Osten von Hamburg. Dort, in vollkommen fremder Umgebung, entdeckte ich zu meinem grenzenlosen Erstaunen das mir inzwischen so wohlbekannte, verheißungsvolle Zeichen wieder: B 5. Ich fragte meinen Onkel, wie weit denn diese Straße noch ginge. Darauf nahm er mich bei der Hand während er die andere zur Faust ballte, zornig einem imaginären Gegner drohte und sprach: »Die Straße geht eigentlich bis nach Berlin, aber der Russe lässt uns nicht durch.«
»Der Russe« hat sich bekanntlich abgemeldet, längst gibt es auf dem östlichen Abschnitt der B 5 keine Schlagbäume und Kontrollbaracken mehr, was mein Onkel bedauerlicherweise nicht mehr erlebt hat. Die B 5 führt von Frankfurt an der Oder über Berlin und die Mark Brandenburg, Teile Mecklenburgs, geht bei Lauenburg über die Elbe, schlängelt sich durch Bergedorf und Hamburg und geht von dort aus ziemlich geradlinig durch die Kreise Dithmarschen und Nordfriesland bis nach Klixbüll, wo sie abrupt und etwas undramatisch endet.
Die 640 Kilometer von der polnischen bis zur dänischen Grenze bin ich vor einigen Jahren einmal abgefahren. Zwei Wochen habe ich mir für die Fahrt Zeit genommen, bin oft ausgestiegen und eingekehrt, eigenwilligen Menschen, schrägen Typen, liebenswerten Charakteren begegnet. Die

seltsamsten und mysteriösesten Dinge habe ich erlebt. Seitdem sage ich: Mit der mythenbefrachteten Route 66 in Nordamerika kann die B 5 locker mithalten. Auch wenn sie nicht ganz so lang ist wie jene.

»It winds from Chicago to LA,
More than two thousand miles all the way.
Get your kicks
On route 66.«

Die meisten Sylt-Fahrer winken müde ab, wenn ich von der B 5 erzähle, und verweisen auf die weiter östlich verlaufende Autobahn A 7, die man in einem durchfährt, bis kurz vor Flensburg, von wo aus es dann noch 38 Kilometer Landstraße bis zum Autozug sind. Verständlich, sie wollen so schnell wie möglich ankommen, sich auf keine Ablenkungen unterwegs einlassen. Und da sie auf der Insel so lange bleiben, wie es nur irgend geht, gilt das Gleiche für die Rückfahrt. Die alte B 5, sagen sie, die ist ja hinter Hamburg streckenweise schon gar nicht mehr existent, da Teilabschnitte der neuen Autobahn A 23 über die alte Bundesstraßentrasse gelegt worden sind.

Mag alles sein, aber an einem klaren Frühlings- oder Sommerabend, um die Zeit des Vollmondes, über die Kanal-Hochbrücke zu fahren, wenn sich links, über dem unsichtbaren aber schon gefühlten Meer, die Sonne abmeldet, im Minutentakt abtaucht und ihre Farbe von gleißendem atomblitzgelb über orange bis blut- und blassrot verändert, immer schwächer strahlt, bis sie ermattet ihren mehrstündigen Schlaf antritt, während rechts im exakt gleichen Rhythmus der Mond aufsteigt, erst schüchtern, dann immer selbstbewusster leuchtend, bis er für diese Nacht das zusehends dunkler werdende Revier da oben übernimmt und dazu noch seine mehrtausendköpfige Sternentruppe aufbietet – dieses Schauspiel empfängt seine künstlerische Krönung nur über der B 5, und zwar genau hier, auf der Brücke über den Nord-Ostsee-Kanal. Ich kann mir nicht

vorstellen, dass der Wachwechsel der beiden Himmels-Autoritäten irgendwo anders so perfekt inszeniert wird.
Der Nord-Ostsee-Kanal ist die meistbefahrene künstliche Wasserstraße der Welt. Sie beginnt in Brunsbüttelkoog, das von der B 5 in zehn Minuten zu erreichen ist, und endet in Kiel-Holtenau. Dort legte Kaiser Wilhelm I. 1887 den Grundstein, wobei er sich, da er längere Zeit kaltem Wind ausgesetzt war, eine schwere Erkältung zuzog, von der er sich nicht wieder erholen sollte. Im März 1888 starb er, 91 Jahre alt; drei Monate später folgte ihm sein Sohn in den Tod, und der Enkel übernahm als Wilhelm II. die Kaiserwürde, gerade mal 29 Jahre alt. 1895 eröffnete er an Bord seiner Yacht »Hohenzollern« feierlich den Kanal.
Auf der B 5 passieren wir jetzt die mittelalterliche Stadt Meldorf mit ihrem prächtigen, im 13. Jahrhundert erbauten Dom. Und immer wieder, wenn ich vorbeifahre oder in Meldorf herumstrolche, muss ich an die Geschichte denken, die ich schon in so vielen Varianten gehört habe, dass ich beim besten Willen nicht weiß, was Legende, was Wahrheit ist. Ich erzähle am liebsten die folgende Version: Besagter Wilhelm II. wollte sich im Zuge der Festivitäten zur Eröffnung des Kanals ein Bild von den betroffenen Landschaften und Menschen machen, so auch von Meldorf und den Meldorfern. Ein Offizier vom Hofe war vorausgefahren, um diverse Vorbereitungen zu treffen. Dazu gehörte auch das Arrangement eines Festmahls, das der Kaiser im weiland besten Hotel von Meldorf einzunehmen beabsichtigte. Als nun der Offizier dem Inhaber des Hotels die bevorzugten Speisen und Getränke des Monarchen aufzählen wollte, unterbrach dieser ihn mit der Bemerkung, die Aufzählung sei nicht nötig: »Seine Majestät wird das essen, was auf den Tisch kommt.« Der Offizier zuckte zusammen, wollte aufbrausen, begriff aber wohl schnell, dass es vollkommen zwecklos sein würde. Der Hotelchef ließ nicht mit sich reden. Aber das Menu, das er auftischte, war so opu-

lent und köstlich, dass sich der junge Kaiser hinterher vor lauter Entzücken von jedem einzelnen Angestellten des Hauses mit Handschlag verabschiedete.

Auch die B 5 hat zwischendurch mal das Recht auf weniger aufregende Abschnitte, dafür steigt die Vorfreude auf die Insel, die wir in wenigen Stunden erreichen werden. Wir kurbeln das Fenster runter und sind geneigt, selbst Sturmböen und peitschenden Regen als Vorboten der großen Freiheit zu begreifen. Die lächerlich banalen Dinge, die uns gestern noch die Nerven und den Verstand zu rauben drohten, sind weit weit weg. Wir verzeihen uns großmütig, dass wir uns jemals über Nichtigkeiten aufgeregt haben.
Der Weg ist das Ziel, sagt der Schlauberger gern, um zu beweisen, wie fernöstlich gelassen er das Joch des Lebens schultert. Ein bisschen Buddhismus schlummert in jedem von uns. So weit will ich aber nicht gehen, denn das Ziel bleibt das Ziel. Sagen wir's so: Der Weg über die B 5 ist ein Zipfel des Zieles Sylt. Und es ist doch viel schöner, diesen Zipfel immer größer werden zu lassen, als, beispielsweise, einfach so, platsch, mit dem Flugzeug auf dem Inselflughafen zu landen. München–Westerland in zwei Stunden: eine schreckliche Vorstellung!

Husum kommt näher, die Stadt Theodor Storms. Der große Dichter und Erzähler hat seiner Heimatstadt zwar bleibenden Ruhm beschert, ihr aber gleichzeitig mit der Gedichtzeile »Die graue Stadt am Meer« einen ziemlichen Tort angetan. Dieses Etikett klebt an der Stadt und ist, aus heutiger Sicht, vollkommen unzutreffend, nicht nur, was die Farbe der Häuser betrifft. Was in Frühlings- und Sommernächten in den Kneipen am Hafen und den verwinkelten Gassen der Altstadt »abgeht«, hat alles andere als das Prädikat »grau« verdient.
Da klingen lautes Lachen, Seemannslieder und Jazz aus

geöffneten Fenstern und gehen dabei in der lauen Nachtluft eine höchst eigenwillige Liaison ein. Da dringt der süßliche Duft von verbotenen Substanzen heimelig aus Hofeingängen. Da wird auf Bürgersteigen getanzt und gesungen. Seeleute wanken durch Drehtüren, wildfremde Mädchen mit blonden Zöpfen zerren den Fremdling mit auf ihre Partys.

Theodor Storm war erstaunlicherweise nur einmal in seinem Leben auf Sylt, im August 1887. Da war er schon von schwerer Krankheit befallen, ohne allerdings in letzter Konsequenz zur Kenntnis zu nehmen, wie schlecht es um ihn stand. »Er wusste, dass er in spätestens ein oder zwei Jahren sterben würde«, schreibt Kurt Lothar Tank in seinem *Sylter Lesebuch*, »aber er wollte es nicht wissen, und so arrangierte man zu seiner Beruhigung die Scheinuntersuchung. Sie gab ihm die gewünschte trügerische Gewißheit, die er brauchte, um weiter leben und arbeiten zu können. Unter diesen Umständen wurde die Meisternovelle *Der Schimmelreiter* fertig.« Anlässlich seines Besuches auf Sylt entwarf Storm eine Geschichte, die auszuarbeiten ihm nicht mehr vergönnt war, die »Sylter Novelle«. Die Idee stammte von seinem ehemaligen Landvogtkollegen Christoph von Tiedemann, nunmehr Regierungspräsident von Bromberg (im heutigen Polen), den er im Haus seines Gastgebers traf und mit dem er einen Sonntagsspaziergang durch die Wenningstedter Dünen unternahm. »Als Tiedemann und ich oben auf einer Düne saßen«, schrieb Storm in einem Brief an seine Frau, »erzählte er mir, indem wir in die Dünen-Wildniß hinabsahen und der kalte Wind uns ins Gesicht blies, den Stoff zu einer Sylter Novelle, den er sich Tags zuvor erdacht hatte. Er ist so vortrefflich, daß ich schon gleich ans Schreiben möchte. Die Skizzierung habe ich schon begonnen.«

Erst 1968, achtzig Jahre nach Storms Tod, wurde diese Skizze im Archiv der Kieler Landesbibliothek gefunden.

Sie liest sich wie ein Filmexposé: Lars, unehelicher Sohn eines dänischen Marineoffiziers und der Tochter eines Sylter Strandräubers, will die Tochter des Landvogts von Tinnum heiraten. Diese Ehe wäre nicht standesgemäß, das Mädchen wird einem anderen versprochen. Doch sie verweigert die Ehe, und als ans Licht kommt, dass sie schwanger ist, wird sie von ihrem Vater verstoßen. Bei den besagten Strandräubern findet sie Unterschlupf. Ihr Kind kommt zur Welt. Lars hat unterdessen auf einem Schiff angeheuert, das eines Tages vor Westerland Schiffbruch erleidet. Die Strandräuber erschlagen die Besatzung, Lars wird dabei von seinem eigenen Großvater getötet. Seine einstige Geliebte beobachtet die Tat und verfällt dem Wahnsinn.

Von Husum nach Niebüll, wo die Autos nach Sylt verladen werden, dauert es jetzt nicht mehr lange. Eine halbe Stunde, wenn man direkt durchführe. Doch vorher kommt die Ortschaft Bargum, keine besonders aufregende Gemarkung, wäre da nicht zur Linken Andresens Gasthof, kulinarisch eine der besten Adressen nördlich der Elbmündung, in jedem Fall die lohnenswerteste entlang der B 5. Die Wirtin, Elke Andresen-Selt, hat ihn vor 28 Jahren von ihren Eltern übernommen. Lange galt er als Geheimtipp, inzwischen hat das Ein-Stern-Restaurant eine Art Kultstatus unter Feinschmeckern. Gourmets, die eine besonders stilvolle Einladung aussprechen wollen, laden hinter die rote Backsteinfassade von Andresens Gasthof in die Alkovenstube ein: zu märchenhaften Kreationen wie Rote-Bete-Suppe mit glaciertem Kalbsbries oder Wolfsbarsch mit Kürbis und Pfeffer in Limettensoße.
Fünf Gästezimmer haben sie bei Andresens. Schwere Entscheidung: essen und bleiben und morgen früh mit dem ersten Autozug rüber? Nach dem Abendessen den letzen Zug nehmen? Oder erst auf dem Rückweg hier einkehren?

Oder warten, bis man den richtigen Produzenten gefunden hat, mit dem man die Verfilmung der »Sylter Novelle« planen und besprechen kann? Das stelle ich mir schön vor: das erste Gespräch zu dem Thema in Andresens Gasthof. Vielleicht im Herbst. Man beschnuppert sich. Erzählt den Inhalt. Lässt die Fantasie schweifen, während draußen auf der B 5 der Wind pfeift und ab und zu ein Auto vorbeischnurrt. Aufgabenverteilung. Wer kümmert sich um was? Wer schreibt das Drehbuch? Wer soll das Mädchen spielen, wer den Lars, wer den Großvater, wer den Strandvogt? Zwei Tage tafeln und diskutieren. Ideen ausbrüten, woher das Geld für die Produktion kommen soll. Leute anrufen. Frau Andresen fragen, was sie davon hält. Zum Meer rüber und sich durchpusten lassen. Noch mal zurück nach Husum, ins Theodor-Storm-Museum, dort im Archiv wühlen. Dann aber endlich nach Sylt. Irgendwann müssen wir mal runter von der B 5.

Täubchen mit Grünkohl und Schupfnudeln

Für 4 Personen:
4 ganze Täubchen
100 g Butterschmalz
Salz und Pfeffer
1 Hähnchenbrustfilet
200 g Sahne
2 Karotten
1 Glas Holsteiner Grünkohl (850 g) oder frischer, selbst gekochter Grünkohl
100 g geräucherter Bauchspeck
4 Schweinenetze (beim Metzger vorbestellen)
1 Bund Suppengrün
4 Schalotten

je 1 Glas Portwein und Weißwein
3 Orangen
1 EL Tomatenmark

Von den Täubchen die Filets auslösen, die Haut entfernen, die Filets waschen und trockentupfen. Die Keulen abtrennen. Alle Fleischstücke in Butterschmalz anbraten, salzen, pfeffern und beiseite stellen. Die Keulen warm halten.
Hähnchenbrustfilet waschen, trockentupfen, in große Würfel schneiden und mit der Sahne im Mixer fein pürieren. Die Karotten schälen, der Länge nach 4 dünne Scheiben abschneiden. Den Rest in sehr feine Würfel schneiden. Den Grünkohl abtropfen lassen und fein hacken. Den Bauchspeck in Würfel schneiden und mit dem Grünkohl kurz anbraten. 2 EL Grünkohl mit der pürierten Hähnchenmasse und den Karottenwürfeln vermengen, die Farce beiseite stellen.
Die Schweinenetze unter fließendem Wasser waschen, ausbreiten, kleine Fettstücke abzupfen und die Schweinenetze zum Viereck zurechtschneiden. Grünkohl in der Größe eines Taubenfilets darauf geben und flach drücken. Darauf ein Taubenfilet legen. Einen Teil der Farce dick darauf streichen. Mit einer Karottenscheibe bedecken. Die nächste Schicht der Farce darauf streichen und das zweite Taubenfilet darauf legen. Erneut mit Grünkohl belegen. Das Ganze vorsichtig in das Schweinenetz einwickeln. Auf diese Weise alle Schweinenetze verarbeiten. Im Butterschmalz von allen Seiten scharf anbraten, herausnehmen und bei 150 °C im vorgeheizten Backofen 15 bis 20 Minuten garen lassen.
Suppengrün und Schalotten putzen, schälen und in feine Würfel schneiden. 1 EL Suppengrün und die Schalotten im Bratensatz rösten. Mit Weißwein und Portwein ablöschen, durch ein Sieb geben und die Flüssigkeit auffangen.
1 Orange auspressen, den Saft bis auf die Hälfte einkochen lassen und mit dem Bratensatz verrühren. Etwas köcheln lassen und mit Tomatenmark, Pfeffer und Salz abschmecken.

2 Orangen dick schälen, so dass die weiße Haut mit entfernt wird. Die Orangenfilets herausschneiden.
Von den fertigen Tauben-Crépinettes das Schweinenetz entfernen. Crépinettes in Scheiben schneiden. Restlichen Grünkohl erwärmen und auf vorgewärmten Tellern ein Nest aus Grünkohl bilden. Die Scheiben darauf legen. Die Taubenkeulen warm dazulegen oder als zweiten Gang servieren. Orangenfilets dazu anrichten. Vorsichtig die heiße Sauce darüber verteilen. Als Beilage eignen sich kleine Schupfnudeln.

Rezept von Tim Mathiesen
Küchenchef in Andresens Gasthof

Einlass ins Paradies

Es gibt auf diesem Erdball charmantere Plätze als die Niebüller Abfertigungsanlage und Verladerampe für die Autozüge nach Sylt.

Doch nach den Gesichtern der Reisenden zu urteilen, die ein skandalös teures Ticket gelöst haben und sich selbst bei Kälte und Regenschauern die Beine vertreten, bis sie einsteigen und auf die Ladefläche rollen dürfen, muss es sich bei dieser trüben grauen halben Meile um die Einlasspforte zum Paradies handeln.

Die Menschen blicken gen Himmel, ob der Erleuchtung wegen oder um zu prüfen, wie das Wetter wird, sei dahingestellt. Aus ihren Zügen weicht das Angestrengte, Angespannte, Angepasste. Ein neuer Optimismus bemächtigt sich der an den Herausforderungen des Alltags geschleiften und geschundenen Psyche. Längst erloschen geglaubte Signale wie das Lächeln der bezaubernden Damen aus dem Auto in der Nachbarschlange erreichen die wieder heftig aufblühende Seele.

90 Prozent der Reisenden ist der Ort Niebüll vermutlich kein Begriff. Sie waren noch nie in der Innenstadt, kennen nicht die einladenden Lokale in und außerhalb der Fußgängerzone und das ein paar Kilometer entfernte Emil-Nolde-Museum mit dem wunderschönen Garten schon gar nicht. Sie kennen nur die Verladerampe. Und doch: Würde man einen von ihnen in, sagen wir mal: Rom treffen und daran erinnern, dass man sich doch letztes Jahr in Niebüll beim Verladen begegnet sei, wären Verständnis und Begeisterung, sofort einsetzende Verbundenheit und gegenseitiges Vertrauen grenzenlos.

Mensch! Niebüll! Wir Sylter, was? Kommen auf der ganzen Welt rum, aber immer wieder Sylt. Geht doch nichts drüber. Niebüll. Um es, leicht abgewandelt, mit Led Zeppelin zu sagen: Railway To Heaven.
Ein Geschenk des Himmels auch für die Bahn. Der »Sylt Shuttle«, wie sich der Autozug neuerdings nennt, fährt immer, bei Hoch- und Niedrigwasser, selbst bei Frost und bis zu Windstärke 11. In der Hochsaison werden pro Woche eine knappe halbe Million Fahrzeuge nach Westerland und zurück befördert. Das bringt zirka 35 Millionen Euro in Mehdorns Beutel.

Der Zug setzt sich langsam in Bewegung, rumpelt immer schneller und lauter, während die frische, würzige Nordseeluft durchs geöffnete Fenster strömt und wir jeder einzelnen Möwe, die links und rechts des Hindenburgdammes kreischend einen Teil des Weges mit uns zurücklegt, mit verzücktem Lächeln hinterherblicken.

Wenn der Nordseerausch abgeklungen ist, was manchmal bis zur Rückreise dauert, manchmal aber auch schon im ersten Westerländer Verkehrsstau einsetzt, dann spürt und weiß der Besucher: So kann das nicht ewig weitergehen mit den Autos. Denn der Insel Sylt droht der Verkehrsinfarkt. Es gibt keinen, der die Gefahr nicht sieht. Es gibt aber auch keinen, der ein Rezept dagegen weiß. Alle möglichen Modelle sind schon theoretisch durchgespielt worden, alle ohne Aussicht auf Realisierung. Kostenlose Zubringerdienste, weiterer Ausbau des Omnibussystems, partielle Fahrverbote – alles sinnlose Übungen, denn jede einzelne Lösung würde im Gegenzug, bei welcher Interessengruppe auch immer, zu drastisch sinkenden Einnahmen und damit zu gewaltigen Protesten führen.
Die Sylter Gemeinden haben schon lautstark aufgeschrien und sahen sich ihrer Identität beraubt, als vor einem Jahr-

zehnt die einheitliche Telefonvorwahl auf der Insel eingeführt wurde.
Sylt hat viele Oasen für die Sinne: Man möchte ja nicht nur am Strand liegen und baden, sondern seinen Fisch am Lister Hafen essen, in Morsum reiten, in Westerland auf der Kurpromenade flanieren, in Kampen Golf spielen und durch die Mode- und Schmuckgeschäfte schlendern. Oben im Norden am Ellenbogen in den Dünen liegen, in der Westerländer Friedrichstraße ein Buch kaufen, in Archsum durch die Wäldchen und Feldchen streifen, von Hörnum aus einen Schiffsausflug zu den Halligen machen, in Keitum in die Kirche gehen, in Wenningstedt am Dorfteich sitzen, am Rantumer Weststrand den Sonnenuntergang bewundern.
All dies oder wenigstens Teile davon in einem Urlaub zu bewältigen, das lässt sich nicht zu Fuß erledigen, nicht mal auf dem Fahrrad. Es ist auch im Omnibus nicht das, was man ein sinnliches Erlebnis nennt. Und über das Taxifahren auf Sylt schweigen wir lieber. Das Geld, das einem in der Droschke abgeknöpft wird, sollte man lieber in der Spielbank auf Rot setzen, denn die Wahrscheinlichkeit, sich schwarz zu ärgern, ist dabei deutlich geringer.
Also setzt man sich ins Auto und gondelt einfach los. Öffnet das Fenster, legt die Lieblingsmusikkassette ein, zuckelt gemächlich vor sich hin und inhaliert dabei, sofern man nicht zu viele Abgase vom Vordermann abkriegt, das spezielle Sylter Aroma: den Duft der Heide, die köstliche Luft, die salzhaltige Brise, die von der Seeseite herüberstreicht. Dieses Fluidum eben. Dazu: Sonne im Gesicht. Fahrtwind in den Haaren. Das einmalige Licht. Goethes angewandte Farbenlehre. Das wunderbare Gefühl von Ungezwungenheit und Leichtigkeit.
Das ist das Vertrackte: Dem Sylter Urlauber sein Auto wegzunehmen oder es vorübergehend an die Kette zu legen, heißt, ihm die Freude des Entdeckens zu nehmen und

ihn damit zu vertreiben. Das Problem ist letztlich nicht lösbar. Alle wissen es, aber niemand gibt es zu.
Und mit dieser vielleicht nicht tröstlichen, aber unumstößlichen Erkenntnis dreht der Fahrer die Rückenlehne wieder hoch und hört freudig erregt die Lautsprecheransage: »Sehr geehrte Reisende, willkommen in Westerland auf Sylt!« Er startet den Motor, lässt ihn kurz aufheulen, küsst seine Beifahrerin, löst die Handbremse, legt den ersten Gang ein, setzt sein Fahrzeug langsam in Bewegung. Vorsichtig abrollen. Was da so rauscht und brandet, ist es schon das Meer? Oder ist es das Blut in den Adern?

Bouillabaisse von Nordseefischen

Für 4 Personen:
Für die Bouillabaisse:
1 Karotte
1 kleine Stange Lauch
1 kleine Fenchelknolle
1 kleine Stange Staudensellerie
500 g Fischfilet nach Wahl (z. B. Seezunge, Steinbutt, Seeteufel, Rotbarbe)
200 g geschälte Garnelen, Scampi oder Hummerfleisch
Salz
300 g Muscheln (Mies- oder Herzmuscheln)
1 l Fischfond
einige Safranfäden
1 Spritzer Pernod
1 Spritzer Noilly Prat (franz. Wermutwein)
1 Spritzer Sherry
etwas Weißwein
je 1 Zweig Rosmarin und Thymian
1 Baguette

Für die Aïoli:
2 Eier
3 gehackte Knoblauchzehen
1 EL weißer Balsamico-Essig
1 TL Senf
1 Msp. gemahlener Safran
2 Msp. Cayennepulver
1 Spritzer Sherry
Salz und Pfeffer
100 ml Olivenöl

Für die Bouillabaisse das Gemüse putzen, waschen und in dünne Scheiben oder Streifen schneiden. Die Fische und Krustentiere in kleine, mundgerechte Stücke schneiden und mit Salz würzen.
Die Muscheln gründlich waschen und falls nötig den Bart entfernen.
Den Fischfond erhitzen und mit Safran, Pernod, Noilly Prat, Sherry, Weißwein, Salz, Rosmarin und Thymian kräftig abschmecken. Zuerst die Muscheln und das Gemüse, dann den Fisch und zum Schluss das Krustentierfleisch dazugeben, einige Minuten ziehen lassen, bis alles gar ist. Nicht geöffnete Muscheln entfernen.
Für die Aïoli Eier, Knoblauch und alle Zutaten bis auf das Olivenöl in einen Mixer geben und fein pürieren. Nach und nach das Olivenöl dazugeben, bis eine Mayonnaise entsteht.
Die Bouillabaisse mit Baguette und Aïoli servieren.

Rezept von Jörg Müller

Bohrende Fragen im Wattenmeer

Constanze hüpft vor Vergnügen von einem Bein auf das andere. Barfuß. Ich habe ihr vorhin meinen Gürtel gegeben und an dem hat sie ihre Schuhe befestigt und sich um den Hals gehängt. Wie ein Kind platscht sie im seichten Wasser herum, dass es spritzt. Sie freut sich über ihre gelungene Vorführung: Mit Kennergriff, Daumen und Mittelfinger fest an die beiden äußersten Ecken seines Panzers gedrückt, hat sie eben einen ausgewachsenen Krebs aus dem Wattsand gehoben, ihn sanft hin und her geschwenkt, so dass seine vielen dünnen Beinchen hilflos in der Luft zappeln und die beiden furchterregenden Scheren in wütendem Reflex, bedrohlich, aber wirkungslos, auf- und zuklappen. Dann hat sie ihn ganz schnell und fürsorglich wieder im Wasser abgesetzt, in die Freiheit entlassen. Jetzt strebt er aufgeregt von dannen, seitwärts, wie es seine Art ist hält nach etwa einem halben Meter inne, wechselt die Richtung, buddelt sich ein und macht sich erstmal für eine Weile unsichtbar im Sand. Ist nicht sein Tag heute.

Noch nie in meinem Leben habe ich eine Frau gesehen, die es wagt, einen Krebs anzufassen. Constanze hat es, wie sie stolz erzählt, von ihrem Vater gelernt, als die Familie Urlaub in der Bretagne machte.

Wir schlendern von List über das Watt der Blidselbucht, für mich persönlich die Schokoladenseite der »Königin der Nordsee«. Es ist die schönste Jahreszeit auf der Insel: Mitte Juni. Bilderbuchwetter, wolkenloser mattblauer Himmel, der Hauch einer Brise von Südwest, von Kampen her über Dünen und Heide fächelnd. Tiefe Ebbe. Das Wattenmeer ist mehrere hundert Meter zurückgewichen. Zwischen uns und dem Strand erstreckt sich die weite Fläche des zweimal pro Tag trockengelegten Meeresbodens, unter dessen geriffelter Oberfläche, Labsal für alle durchgetretenen Fußsohlen, es so geheimnisvoll krabbelt, bohrt, wurbelt und zischt.

Wir spazieren am unregelmäßig gezackten Wassersaum entlang, der sich noch weiter zurückziehen wird, mindestens noch eine halbe Stunde. Ganz vorn im seichten Wasser steckt ein rotes Spielzeugschiffchen – drei Minuten später liegt es bereits auf dem Trockenen. Fünf, sechs Austernfischer mit runden schwarzen Köpfchen und langen orangeroten Schnäbeln flitzen ling ling ling über den feuchten Sand, in dem sie winzige hingehuschte Spuren hinterlassen. Nicht viele Menschen sind unterwegs, vielleicht zehn, zwölf, weitläufig über das friedliche Watt verteilt. In der Ferne ist eine Gruppe zu sehen, Schulkinder vielleicht. Ich nehme an, ihr Lehrer erklärt ihnen gerade, dass das Watt mit seinen Millionen von Kleinstlebewesen wie Würmern, Wattschnecken, Mikroalgen, Plankton und winzigen Muschelchen die biologisch aktivste Region der Welt ist.

Vor uns tobt ein Westhighlandterrier ausgelassen am Wasserrand entlang und vertreibt eine halbe Hundertschaft Möwen, die sich gerade zur Nachmittagskonferenz niedergelassen hatte. Verblüfft, was er da angerichtet hat, bleibt der Hund stehen, reckt den Kopf in die Luft und bellt den ärgerlich kreischenden weißgrauen Vögeln hinterher.

Zur Linken, in leichtem Dunst, sehen wir den Turm der Keitumer Kirche. Noch weiter links, am Horizont, nur schemenhaft winzig wahrzunehmen, kriechen zwei Züge über den Hindenburgdamm; der eine verlässt die Insel, der andere kommt. Sie laufen, so scheint es, frontal aufeinander zu, stoßen zusammen, verschmelzen, sind ganz kurze Zeit eins, dann trennen sie sich wieder voneinander, gleichmütig, ohne innezuhalten, jeder geht seinen Weg, als ob sie sich nie begegnet wären.

Besser hätte ich es meiner Begleiterin nicht bieten können; ein alberner Stolz überkommt mich, als ob ich diese perfekte Harmonie erschaffen hätte.
Constanze, Bambergerin mit göttlich rollendem fränkischen R, ist zum ersten Mal auf Sylt, man sieht es an ihrer Kleidung. Sie trägt einen dunklen mittellangen Rock und einen weißen Pulli. Zu ihren pechschwarzen Augen und ebenso schwarzen langen Haaren sieht das hinreißend aus. Sie hat, wie sie sagt, kaum mehr mitgenommen für die zwei Tage, die sie hier ist.
Sie arbeitet bei einer Boulevardzeitung, in der Abteilung Klatsch und Tratsch, was man heute weltläufig das »People-Ressort« nennt. Ihr Chef hat sie nach Sylt geschickt, um aus Kampen von einem »Ladys Lunch« der momentan angesagten Power-Frauen in der deutschen Wirtschaft zu berichten. Gleichzeitig soll sie sich umsehen, ob »Promis« auf der Insel sind. Ob ich ihr da ein bisschen was erzählen könne, hatte sie am Telefon gefragt. Ausgerechnet ich!
»Dann kommen wir doch am besten mal zur Sache«, sagt sie nun, verlangsamt ihren Schritt und setzt eine geschäftsmäßige Miene auf, so als sei sie selbst eine von den Kampener Power-Ladys.
Die Zeit ist da, fürchte ich, Farbe zu bekennen: »Tja, mit den Prominenten, ehrlich gesagt, da weiß ich auch nicht so richtig Bescheid. Früher …«
Sie hebt abwehrend die Hand und schlägt einen strengen Ton an: »Komm mir bitte nicht mit früher. Die Geschichten kenne ich alle, alles nachgelesen im Archiv. Das Künstlervölkchen von Kampen. Nach dem Krieg die Wirtschaftswundertypen von Buhne 16. Der ›Ziegenstall‹, das In-Lokal der 50er Jahre. Dann ›Go …‹, ›Go …‹, dieser Laden mit dem berühmten Barkeeper.«
»Das ›Gogärtchen‹ meinst du. Der Barmann war Karlchen Rosenzweig, der hatte später seinen eigenen …«
»Jaja, diese alten Kamellen. Die stehen in den zahllosen

Büchern, werden immer wiedergekäut, bis zum Überdruss. Das will heute keiner mehr wissen. Wenn ich in der Redaktion damit ankomme, versetzen die mich in die Abteilung für Todesanzeigen. Was tut sich heute?«
»Udo Lindenberg kommt manchmal nach Westerland ins ›Miramar‹.«
»Du und dein alter Freund Udo«, sagt Constanze mitleidig, »der ist ja nun auch nicht gerade, was man einen Nachwuchsstar nennt. Haben wir nicht ein bisschen was Jüngeres?«
Ihre Augen blitzen, in diesem Moment kann ich sie mir gut als Chefredakteurin vorstellen, wie sie vorn am Konferenztisch sitzt, ungeduldig Themen abfragt und unwirsch reagiert, wenn die Leute sich nicht gut vorbereitet haben. Bei dem Vergleich lächelt sie geschmeichelt und etwas verlegen, lässt sich aber leider nicht vom Thema ablenken.
»In List«, fällt mir ein, »bei Gosch, da saß mal dieser Tatort-Kommissar, der mit der Bürstenfrisur und den unkonventionellen Fahndungsmethoden. Der vom WDR. Wie heißt der man noch?«
Constanze winkt ab. »Zur A-Klasse gehört der bestimmt nicht.«
A-Klasse! Mir kommt der rettende Einfall: »Die A-Klasse, die verkehrt heute vornehmlich bei Herbert Seckler im ›Sansibar‹ am Rantumer Weststrand. Der Laden ist prallvoll mit Reichen und Berühmten aus jeder Abteilung: Film, Sport, Medien, sogar ab und zu Politik, Wirtschaftsbosse. Herbert, ein Schwabe übrigens, kennt jeden von denen persönlich, ist mit den meisten sogar per du. So viel A-Klasse auf einem Haufen hast du noch nie gesehen.«
Natürlich hat Constanze von dem berühmten Lokal auch schon vorher gehört und gelesen. Aber immerhin, nach meinem kümmerlichen Einstieg ins Thema bekomme ich nun doch noch ein dickes Lob. Sie angelt ihr Handy aus dem Futteral am Gürtel, wählt die Auskunft, fragt nach der Telefonnummer vom ›Sansibar‹, geht in die Hocke und

ritzt mit dem rechten Zeigefinger schwungvoll große Ziffern in den festen feuchten Sand.

»Dann wollen wir den doch gleich mal anrufen!«

Sie tippt sorgfältig die Nummer ein, speichert, drückt auf die Wähltaste und reicht mir das Gerät. »Mach mir einen Termin, bitte, bitte, noch heute«, flüstert sie, während ich einen seiner Kellner an den Apparat kriege und Herrn Seckler zu sprechen wünsche, der gerade in der Küche ist, aber geholt wird. Herbert kommt, hört sich an, was ich zu sagen habe, und antwortet: »Am beschte, 's Mädle kommt gleich mal her, heut abend isch hier viel los, da kann I mich ned um sie kümmern. Weischd?«

Constanze ist völlig aus dem Häuschen vor Freude, fällt mir dankbar um den Hals. Große Enttäuschung darüber, dass nun aus unserem geplanten Besuch im idyllischen Café Vogelkoje am entgegengesetzten Ende der Bucht nichts wird, vermag ich in ihren Zügen nicht zu entdecken. Nach Kaffee und Kuchen, so hatte ich mir vorgenommen, wollte ich sie überreden, mit zum Schwimmen im offenen Meer am Weststrand zu kommen.

»Das machen wir alles ein andermal«, sagt sie fröhlich strahlend. »Wie komm ich denn jetzt am schnellsten nach Rantum?«

In nicht mehr allzu weiter Ferne, hinter einem von kleinen Pfaden durchzogenen Schilffeld, ist die Bushaltestelle Vogelkoje. Vor einer guten Viertelstunde, das habe ich vorhin beiläufig registriert, ist dort der Bus nach List abgefahren – in knapp zehn Minuten müsste er, auf seiner Fahrt zurück, wieder da sein.

Constanze verabschiedet sich, bedankt sich für den Spaziergang. »Es war zauberhaft«, sagt sie, lässt es noch mal aus den Augen blitzen und flitzt los. In der Schule, hat sie mal erzählt, war sie gut in Leichtathletik. Ihre schwarzen Haare fliegen, die um den Hals gehängten Schuhe kreisen um ihre schlanke Gestalt wie kleine Karussell-Gondeln.

Ich bleibe bei den Austernbänken stehen, die bei Ebbe vollkommen frei liegen. Deutschlands einziger Austernkulturbetrieb besteht seit 1986, eine Anlage mit 3500 Eisentischen. Über eine Million »Sylter Royal« erntet »Dittmeyer's Austern-Compagnie« pro Jahr. Ich hatte Constanze die Bänke eigentlich zeigen und sie bei der Gelegenheit einladen wollen, heute Abend mit mir in der firmeneigenen Lister Probierstube (»Austernmeyer«) Austern essen zu gehen. Jeden Moment müsste jetzt, zum Abtransport der vollen Drahtnetze, Dittmeyers riesiger Watt-Trecker mit den gewaltigen Reifen und Rädern und dem langen, abgeknickten metallischen Greifarm anrollen. Er ist überfällig, denn der tiefste Stand der Ebbe ist mittlerweile erreicht. In wenigen Minuten wird das Wasser wieder langsam auflaufen.
Constanze hat die Böschung erreicht. Ganz klein wirkt sie, und jetzt verschwindet sie im Schilffeld und ist gar nicht mehr zu sehen. Doch eine Minute später ist sie schon an der Haltestelle, und ich beobachte, wie sie sich auf die Bank setzt, sich niederbeugt, vermutlich, um die Schuhe anzuziehen. Sie steht wieder auf, blickt in meine Richtung, ich winke und sehe, wie sie lacht, hin und her hüpft und über ihrem Kopf eine kreisende Bewegung mit dem rechten Arm vollführt: Sie wedelt mit meinem Gürtel. Der Bus kommt und stellt sich zwischen uns. Dann ist er weg und die Haltestelle leer. Wie im Kino.

Austern mit Limetten-Zitronengras-Dressing

Für 4 Personen:
Für die Austern:
12 frische Austern
1 Tasse Spinatblätter
Salz

1 Tasse Champignons
rote Chilischeiben zum Garnieren

Für das Dressing:
1 Knoblauchzehe
1 Stängel Zitronengras
1–2 rote Chilischoten
3 gestrichene EL gehackter Palmzucker
1 Tasse Limetten- oder Zitronensaft
3 ganze Korianderpflänzchen
3 EL asiatische Fischsauce

Die Austern vorsichtig öffnen, so dass jede Auster in einer Schalenhälfte bleibt. Spinat in kochendem Salzwasser blanchieren, bis er in sich zusammenfällt. Blätter abtropfen lassen und kurz in Eiswasser abschrecken. Noch einmal abtropfen lassen und ausdrücken. Die Blätter in sehr feine Streifen schneiden. Die Pilze ebenfalls blanchieren, abtropfen lassen und in sehr feine Streifen schneiden. Alles beiseite stellen.
Für das Dressing die Knoblauchzehe schälen und sehr fein hacken. Vom Zitronengras die unteren acht Zentimeter abschneiden und in dünne Scheiben schneiden. Die Chilischoten putzen, entkernen und fein hacken.
Zucker im Limetten- oder Zitronensaft auflösen. Den Koriander waschen und trockentupfen. Die Wurzeln und 5 cm der Stiele sehr fein hacken. Mit Knoblauch, Zitronengras, Chilischoten und Fischsauce zum Limettensaft geben und sehr gut vermischen. Das Dressing 15 Minuten ziehen lassen.
Kurz vor dem Servieren den Grill auf mittlere Temperatur vorheizen. Etwas Spinat und ein wenig von den Pilzen auf jede Auster legen und 2 bis 3 Minuten unter dem Grill gar werden lassen. Das Dressing über die Austern geben, eventuell mit Chilischeiben garnieren und sofort servieren.

1231
1236

Kampener Sünden

Der Weg über die Kampener Heide zum Weststrand hinunter führt vorbei am Restaurant »Sturmhaube« und dem prächtigen reetgedeckten Anwesen »Kliffende«, das hier, wie der Name schon sagt, den Endpunkt des steil abfallenden und nicht begehbaren »Roten Kliffs« markiert. Das Kliff, zwischen dieser Stelle und Wenningstedt viereinhalb Kilometer lang, besteht aus eisenhaltigem Lehm, der besonders in der Abendsonne feuerrot leuchtet – ständige Herausforderung an Generationen von Postkartenfotografen. Sturmfluten, Regengüsse und Frost haben ihm über die Jahrhunderte arg zugesetzt; der jährliche Landverlust durch Auswaschungen und Abbrüche variiert zwischen einem und vier Metern.
»Kliffende«, ein Steinwurf vom kleineren der beiden örtlichen Leuchttürme entfernt, ist ein Stück Kampener Geschichte. 1923 als Gästehaus erbaut, hat es vor allem vor dem Zweiten Weltkrieg Scharen von prominenten Besuchern beherbergt, vorwiegend Arbeiter des Geistes und Diener der Kunst wie Thomas und Klaus Mann, Ernst Rowohlt, Emil Nolde, Renée Sintenis, Erich Kleiber.
Auch der Kampener Ehrenbürger Hermann Göring residierte wiederholt im »Kliffende«, bevor das eigene Haus bezogen wurde, das seine Frau ab 1935 in Wenningstedt bauen ließ. Hitlerjungen hoben ihm am Strand eine besonders tiefe Grube aus, in die ein Strandkorb mit Hakenkreuzflagge gewuchtet wurde. In weißer Admiralsuniform, gockelhaft, den gewöhnlichen Badegästen Furcht und Schrecken einflößend, stolzierte der feiste Faschist vor seiner Burg auf und ab. Manchmal hob er ein Fernglas an die

Augen, wie um den Horizont damit abzusuchen. Ins Wasser, so hat es später die Schriftstellerin Elisabeth Castonier beschrieben, die 1934 hatte emigrieren müssen, habe man ihn nicht gehen sehen. Er fürchtete wohl den Autoritätsverlust in der Badehose.

Der Anblick des selbstherrlichen Nazis auf Sylt ist Thomas Mann erspart geblieben. 1921 war er zum ersten Mal auf Sylt und wohnte in Wenningstedt. Von der Brandung der Nordsee war der Abkömmling der ruhigeren Ostseeküste so beeindruckt, dass er der Insel im 1924 erschienenen *Zauberberg* zu ihrem bis heute bedeutendsten literarischen Zeugnis verholfen hat:

»Auf Sylt hatte er, in weißen Hosen, sicher, elegant und ehrerbietig, am Rande der mächtigen Brandung gestanden wie vor einem Löwenkäfig, hinter dessen Gittern die Bestie ihren Rachen mit den fürchterlichen Reißzähnen schlundtief ergähnen ließ. Dann hatte er gebadet, während ein Strandwärter auf einem Hörnchen denjenigen Gefahr zublies, die frecherweise versuchten, über die erste Welle hinauszudringen, dem herantreibenden Ungewitter auch nur zu nahe zu kommen, und noch der letzte Auslauf des Kataraktes hatte den Nacken wie ein Prankenschlag getroffen.«

Im »Kliffende« wohnte Thomas Mann 1927. Er ließ sich im Anzug und mit einer Manuskriptmappe unter dem Arm am Strand fotografieren und schrieb seinem Bruder Heinrich in einem Brief: »Die Reize dieser Insel sind karg und keusch und lenken den Sinn auf Grog.« Und leicht zerknirscht fügte er hinzu: »Außer unförderlichen Kleinigkeiten ist nichts zustande gekommen.«

Dafür lief er dann im Gästebuch der legendären »Kliffende«-Wirtin Clara Tiedemann in Mann'scher Manier zu Hochform auf: »Nicht Glück oder Unglück – der Tiefgang des Lebens ist es, worauf es ankommt. An diesem erschütternden Meere habe ich tief gelebt, und was es aufregte, das wird, gebe es Gott, irgendwie einmal ehrenhaft fruchtbar werden.«

Von 1955 an diente »Kliffende« der Deutschen Bank als Gästehaus für ihre leitenden Angestellten. Gut vierzig Jahre später und inzwischen bedenklich nahe an der Wasserkante angekommen, ging das geschichts- und geschichtenträchtige Anwesen in den Besitz eines offenbar millionenschweren Geschäftsmannes über, der es dem öffentlichen Interesse weitgehend entzogen hat. Nur noch wenige Neugierige spähen herüber, wenn sie am letzten Haus Kampens vorbeimarschieren.

Am Ende dieses kühlen Tages ist es am Strand fast menschenleer. Nur noch ein paar Surfer in ihren eng anliegenden schwarzen Gummianzügen tänzeln und balancieren auf den Brettern über die Wellenkämme. Der Wind ist schwächer geworden, die Wolkendecke aufgerissen. Freundliche Abendsonne bescheint dieses Strandareal, das einst unter der Bezeichnung »Buhne 16« als der Sylter Sündenpfuhl schlechthin galt.

Buhnen sind Spundwände aus Stahl, die vor mehr als einem halben Jahrhundert rechtwinklig zum Strand etwa hundert Meter weit ins Meer gebaut und bis zu neun Meter tief in den Meeresgrund gerammt wurden, um vor schädlichen Strömungen zu schützen und Sandablagerungen zu ermöglichen. Längst gilt die Methode als unwirksam, weshalb die meisten Buhnen wieder entfernt wurden. Vor den nicht oder nur kümmerlich markierten Resten dieser rostbraunen Ungetüme ist beim Baden allerhöchste Wachsamkeit geboten.

Zwischen List und Westerland gab es noch zu meiner Kindheit etwa 50 intakte Buhnen, die alle durchnummeriert waren, und zwar oberhalb des Strandes, auf der Düne, mittels einer großen, weithin sichtbaren Tafel. »Buhne 16« stand über dem Nacktbadestrand von Kampen und, in den

50er und 60er Jahren, über so manchem Illustriertenartikel, der sich mit dem angeblich so zügel- und schamlosen Treiben der Inselprominenz beschäftigte. Namen wie der des Krupp-Generalbevollmächtigten Berthold Beitz, des Playboys Gunter Sachs, des Verlegers Axel Springer und seines *Bild*-Chefredakteurs Peter Boenisch, des Konzernerben Friedrich Karl Flick, des Fernsehjournalisten Werner Höfer, des Berliner Filmstars Horst Buchholz wurden genannt. Die Liste könnte man beliebig fortsetzen und aus einem Prominentenarchiv jener Jahre einfach abschreiben. Fast alle, die damals Rang und Namen hatten, waren irgendwann mal hier. In lauschigen Nächten, bei Vollmond und Champagner, sollen die wüstesten Feste abgegangen sein, wobei als weibliche Teilnehmer meistens nicht die Ehefrauen oder festen Freundinnen genannt wurden, sondern Mannequins (das war damals die Berufsbezeichnung der Mädchen, die heute Models heißen), Starlets und ungenannte höhere Töchter aus reichen Familien.

Es war die Zeit, als ich in Westerland aufs Gymnasium ging. Mein Berufswunsch stand zwar damals noch nicht fest, wohl aber muss es da schon einen Hang zur Recherche gegeben haben. So kam es, dass mein Klassenkamerad Werner und ich eines schönen Tages beschlossen, eine echte Kampener Prominentenorgie an »Buhne 16« zu beobachten und zu belauschen. Es war Hochsommer und, so wussten wir durch unsere Kampener Verbindungsleute, jede Menge Prominenz vor Ort, darunter der Schauspieler Curd Jürgens, der einen Ruf als Partylöwe und Frauenheld hatte. Zur Abrundung unseres Undercover-Auftrittes nahmen wir zwei Mädchen aus der Klasse mit, Maike und Karin.

Die Nacht war sternenklar. Wir rückten zwei Strandkörbe zusammen, tranken Bier aus Flaschen, rauchten und gaben uns so dekadent-kampenmäßig, wie es einheimische Halbwüchsige eben hinbekommen. Außerdem hatten wir ein

Kofferradio dabei und darauf Radio Luxembourg eingestellt, den abends in englischer Sprache sendenden Rock'n'-Roll-Kanal.
Tatsächlich saßen in unserer unmittelbaren Nähe, ebenfalls in zusammengerückten Strandkörben, Curd Jürgens mit einem Mädchen mit bayerischem Zungenschlag, der Berliner Boxer Gustav »Bubi« Scholz mit seiner Frau, der berühmte Geiger Helmut Zacharias, solo, plus zwei Mädels, die sich als Kellnerinnen von der Tagesschicht in der »Kupferkanne« entpuppten.
Sie tranken, tatsächlich, Champagner, wovon sie drei Flaschen dabeihatten. Sie waren, tatsächlich, bester Laune, was man aus ihrem Lachen heraushören konnte. Die Männer nahmen, tatsächlich, reihum die weiblichen Wesen immer mal wieder in den Arm und drückten sie liebevoll. Alle, die beiden Kellnerinnen etwas weniger intensiv als der Rest, schauten immer wieder ergriffen aufs Meer und rühmten die Schönheit der Insel und die göttliche Harmonie des Sternenhimmels.
Es kam dann, was wir später als den »erzählerischen Teil« der Strandparty bezeichneten. Die Männer steuerten Anekdoten aus ihrem abwechslungsreichen Leben bei. Bubi Scholz holte weit aus und ließ uns alle nicht nur an einem seiner spektakulären Siege im Boxring, sondern auch an der anschließenden Siegesfeier mit Schlägerei teilhaben. Das dauerte schon mal eine halbe Stunde. Der Geiger Zacharias, der dem Champagner besonders freudig zusprach, berichtete empört von einem Disput mit dem Hamburger Orchesterchef und Plattenproduzenten Bert Kaempfert. Der hatte unlängst für eine Schallplattenaufnahme von ihm, Zacharias, verlangt, den Jazzstandard »Sweet Georgia Brown« statt in As, wie er es gewohnt war, in F zu spielen, und zwar aus dem Stegreif. Diese Geschichte zog sich schon deshalb quälend in die Länge, weil Helmut Zacharias beide Versionen, die in As und die in F, jeweils mehrfach vortrug.

Doch am längsten redete Curd Jürgens. Er sprudelte über vor Anekdoten von Dreharbeiten, von Disputen mit Regisseuren, von Affären und Skandälchen, von lautstarken Auseinandersetzungen mit Kollegen und Kolleginnen in Hotelbars. Man hatte nicht den Eindruck, als sei er gewillt, das Wort je wieder abzugeben. Schließlich mündete sein Beitrag in den berühmten Monolog seiner überzeugendsten Rolle: General Harras in der Verfilmung von Carl Zuckmayers Drama *Des Teufels General.*
Eine der beiden Kellnerinnen war unterdessen, um sich die Beine zu vertreten, in Richtung Wasserkante abgewandert, die andere kam zu uns herüber und bat um eine Zigarette. »Für mich auch eine«, rief Bubi Scholz hinterher. Wir warfen ihm eine zu, die er geschickt auffing. Die Kellnerin, eine Studentin aus Kiel namens Yvonne, hatte offenbar keine Lust, zur Gruppe zurückzukehren, und ließ sich bei uns häuslich nieder. Wir machten inzwischen keinen Hehl mehr daraus, dass wir noch zur Schule gingen, sprachen im Gegenteil ungeniert über Lehrer und Mitschüler sowie über die Vorkommnisse der letzten Klassenfahrt in den Harz. Dies wiederum veranlasste den Geigenvirtuosen, erneut mit einer Geschichte aufzuwarten, diesmal mit einer aus seiner eigenen, lange zurückliegenden Schulzeit.
Dann kehrte allmählich Ruhe ein auf der Nachbarparty, während es bei uns immer lebhafter zuging. Die andere Kellnerin besuchte uns auch mal, und auch Bubi Scholz machte sich persönlich auf den Weg, um eine weitere Zigarette abzuholen. Curd Jürgens' Begleiterin gähnte und äußerte den Wunsch, nach Hause zu gehen, weil sie morgen in Herrgottsfrühe eine Bootsfahrt zu den Seehundsbänken machen wollte. Frau Scholz war ganz ihrer Meinung. Helmut Zacharias wollte noch in eine Bar.
Damit war die Prominentenparty an »Buhne 16« vorüber. Bis auf Yvonne, die noch ein Weilchen bei uns bleiben wollte, verabschiedeten sich alle von uns, wünschten alles

Gute für die Schule und stapften durch den Sand, zwischen den vielen leeren, vom fahlen Mondlicht beschienenen Strandkörben hindurch, in Richtung »Kliffende«. Nach ein paar Metern blieben sie stehen. Curd Jürgens, in diesem Licht riesengroß wirkend, kam noch einmal zurück. Er schenkte uns die angebrochene, noch fast volle dritte Champagnerflasche und wiederholte, was er vor einer Minute schon mal gesagt hatte: »Macht's gut, Kinder.«
Diese Stimme: melodisch, aus der Kehle, die Worte klar und deutlich artikulierend und immer mit einem Hauch von Pathos, ich höre sie heute noch.
Unsere Party dauerte bis zwei. Werner und Karin sprangen irgendwann nackt ins Meer und drehten ein paar Runden. Ich schaltete das Radio aus, und wir drei im Strandkorb, Maike, Yvonne und ich, summten und trällerten mehrstimmig »Sweet Georgia Brown«. Allerdings verfügte niemand von uns über das absolute Gehör, so dass wir nicht wussten, ob wir uns in As, in F oder in welcher Tonart sonst bewegten. Wir spekulierten lange darüber, ob wohl Zacharias das absolute oder auch nur ein relatives Gehör habe, und Yvonne versprach, ihn das zu fragen, sollte er morgen in der »Kupferkanne« einkehren.

Nun stehe ich an derselben Stelle, fast vierzig Jahre später. Merkwürdigerweise bin ich bis heute nie wieder an »Buhne 16« gewesen, jedenfalls nicht hier oben an der Dünenkante, wo sich die Geschichte abspielte. Und jetzt plötzlich ist sie wieder da, die Stimmung von damals: derselbe Klang in der Luft, derselbe Duft.
Man hat was von der Welt gesehen in all diesen Jahren. Man hat mit klugen Menschen diniert, interessante Gespräche geführt. Man war in Konzerten und hat Musik gehört, so wunderbar, dass man hinterher nichts dagegen gehabt hätte, wäre das jetzt alles gewesen auf Erden. Man hat sich vor Sehnsucht verzehrt, hat dumme Sachen ge-

macht, gelesen und geschrieben, getrunken und inhaliert, fantastische Räusche gehabt.
Doch was ist das alles, in dieser Minute, im Vergleich zu der Nacht, in der der große Curd Jürgens zwar keine wilde, schamlose Party feierte, aber, was unendlich viel schöner war, uns verhinderten Spannern zum Abschied eine dreiviertel volle Flasche Champagner schenkte?

Labskaus

Für 4 Personen:
500 g gepökeltes Rindfleisch
500 g Kartoffeln
Salz
2 Zwiebeln
Pfeffer
300 g Rote Bete
300 ml Essig
1 TL frischer Meerrettich
Zucker
4 Gewürzgurken
6 Matjesfilets
4 Eier

Das Fleisch mit Wasser bedeckt 1 1/2 Stunden sanft kochen lassen, bis es weich ist. Kartoffeln schälen und in Salzwasser 20 Minuten weich kochen. Zwiebeln schälen und in Würfel schneiden. Das Fleisch aus der Brühe nehmen und klein schneiden. Die Brühe aufbewahren. Kartoffeln, Zwiebeln und Fleisch im Mixer pürieren oder durch den Fleischwolf drehen. Mit einem Schuss Pökelbrühe glatt rühren und mit Pfeffer würzen. Labskaus kühl stellen und 24 Stunden ziehen lassen.
Rote Bete waschen und in Salzwasser je nach Größe weich

kochen. Essig, 300 ml Wasser, Meerrettich, Salz und 1 Prise Zucker aufkochen. Rote Bete abgießen, abschrecken, schälen und in Scheiben schneiden. Die Marinade darüber gießen und abkühlen lassen. 1 Gewürzgurke und 2 Matjesfilets in feine Würfel schneiden. Beides unter das Labskaus mischen. Unter Rühren erhitzen, eventuell nach etwas Brühe dazugießen. Die Eier zu Spiegeleiern braten. Restliche Gewürzgurken der Länge nach halbieren. Labskaus mit dem Spiegelei anrichten und Rote Bete, Gewürzgurken und Matjesfilets dazu servieren.

›Sansibar‹ oder der erste Grund

Tief im Süden, am Weststrand von Rantum, treffen wir auf das ›Sansibar‹. Die idyllische braune Holzhütte mit ihren beiderseits flach abfallenden Dachhälften, den kleinen Fensterchen landeinwärts und den großflächigen Panoramascheiben zur Seeseite hin, liegt zwischen oberer Strandkante und Dünenlandschaft inmitten von wogenden Gräsern, kleinen Heidekrautfeldern, Moosmatten. Zwei Steinwürfe entfernt brandet das Meer. Die Luft riecht würzig, ein Gemisch aus Heide und Salz. Direkt am Zaun der Veranda ranken sich die widerstandsfähigen, sattgrünen Sträucher der Syltrose mit ihren lilarot leuchtenden Blütenblättern hoch. Ein Eis essender Zwölfjähriger langt durch die Holzlatten, pflückt eine Hagebutte vom Strauch, öffnet die mattgelbe Kugel mit den Fingernägeln und schüttet seiner jüngeren Schwester die kleinen Beeren, das so genannte Juckpulver, in den Kragen ihres Pullovers. Wütend springt sie auf, knallt ihrem Bruder eine, rast davon, um sich den Pullover ganz schnell vom Leib zu reißen und das Pulver zu entfernen. Ein Kuchenteller geht zu Boden, die Eltern schimpfen, zwei, drei dösende Hunde fahren erschrocken hoch und kläffen, und an den umliegenden Tischen schmunzeln die Gäste verstehend: Haben wir früher auch gemacht. Ein Kellner eilt herbei und fegt die Scherben weg.
Die beiden Veranden, die nach Süden und die zum Strand, sind überfüllt. Dabei herrscht heute nachmittag nicht einmal Bilderbuchwetter. Ein Ehepaar aus dem Rheinland beschwert sich halblaut, wenn man schon mal hier sei, einen Tisch bekommen habe, könne doch wenigstens die Sonne scheinen. »Gestern wars doch noch so schön, wie is dat

möchlich?« Stattdessen ist es frisch und windig. Im Eiltempo hetzt der Nordwestwind weißgraue Wolken unterschiedlichster Größe und Form vom Meer über unsere Köpfe hinweg: ausladende, ausgefranste Teppiche, mittelgroße Lappen, kleine Fetzen, Türme, Figuren, Drachenköpfe, deren Mäuler plötzlich zu Flussmündungen aufklappen. Ein Gebilde, das entfernt aussieht wie Afrika, treibt heran und gleicht in der nächsten Sekunde schon wieder einem wildgewordenen Hund, der hinter einer Herde missgestalteter Schafe hertobt. Zwei Kuschelwölkchen fliegen in gebührendem Abstand hintereinander her, aber gerade, wenn man sich freut, Achtung, jetzt, gleich, muss sie doch kommen, die ersehnte Sonnenritze, verschmelzen sie zu einem mehr als doppelt so großen Ungetüm. Wenn man doch ein System erkennen könnte! Aber da gibt es keine Gesetzmäßigkeiten, keine Regeln, keine Vorhersehbarkeit – irgendjemand da oben scheint mit diebischem Vergnügen den Zufallsgenerator zu bedienen.

Dann ist er doch da: ein winziger Ausschnitt vom blauen Himmel über all den sich türmenden, überstürzenden bizarren Figuren, so klein, wie man in Hamburg sagt, dass man »da nicht mal ’ne Hose draus machen kann«. Eine köstliche Minute strahlender Sonnenschein, und schwupps recken alle, die sich eben noch intensiv unterhalten oder gedankenverloren den Blick in ihren Kaffeetassen und Eisschalen versenkt haben, die Gesichter nach oben, um ja keinen Strahl zu verpassen. Und schon ist es wieder so grau, als sei nichts gewesen. Köpfe wieder runter.

Das ist so merkwürdig auf Sylt: diese abrupten Wetterumschwünge. Viele Leute können damit nicht gelassen umgehen. Gudrun zum Beispiel springt, wenn wir Ferien machen, jeden Morgen als erstes zum Fenster und peilt die Lage. Wenn Wolken die Sonne verdecken, ruft sie: »Frechheit!« Einmal stand für sie mitten im Urlaub ein ganz dringender Termin in Hamburg an. Darüber war schon im

Vorwege wochenlang geredet worden, immer wieder hatte sie telefonieren müssen – dann endlich die Bestätigung. Die letzten fünf Tage vor dem Termin regnete es: wie aus Eimern geschüttet. Gott sei Dank, sagte Gudrun am Vorabend, könne sie morgen früh raus aus diesem Jammertal und ins schöne Hamburg entschwinden. Doch ausgerechnet am nächsten Morgen wehte kein Lüftchen, war der Himmel kornblumenblau, lag das Wattenmeer in der Sonne wie ein schimmerndes Seidentuch. Gudrun, empört über diese Ungerechtigkeit, sprach beim Frühstück kein Wort. Es arbeitete in ihr. Dann, ich traute meinen Augen nicht, stand sie wortlos auf und packte ihre Strandtasche.

»Und dein Termin in Hamburg?«, wagte ich zu fragen.

»Interessiert mich nicht, dieser unwichtige Mist! Man muss Prioritäten setzen im Leben.«

Später lagen wir am Oststrand, mit Blick auf den Hindenburgdamm. Ein Zug fuhr von Morsum in Richtung Festland: fern am Horizont ein winziger kriechender Schatten im flirrenden Licht. Das war Gudruns Zug. In dem hätte sie jetzt sitzen müssen. Aber nicht die Spur von Bedauern oder Reue war in ihr. Sie zeigte dem Zug den Vogel, drehte sich auf den Bauch und sagte trotzig: »Mit mir nicht!« Dann holte sie ihr Handy aus der Strandtasche, reichte es mir und bot mir ein Geschäft an: Sie sei bereit, für heute abend ein opulentes Picknick am Strand vorzubereiten, mit Krabben, Lachs, Aal, Hähnchenkeulen, eiskaltem Weißwein. Ich bräuchte nichts zu holen und bei der Vorbereitung keinen Finger zu krümmen, dürfe mich als eingeladen betrachten – wenn ich »nur mal eben« eine SMS mit plausibler Ausrede an die Sekretärin ihres Hamburger Gesprächspartners formulieren könne.

Hier und jetzt im ›Sansibar‹, das seinen Namen vom gleichnamigen Strandabschnitt hat (und der hat ihn aus heute nicht mehr nachvollziehbaren Gründen vom gleichnamigen ostafrikanischen Landstrich), bin ich mit dem Wirt

verabredet, Herbert Seckler. Mal wieder sehen lassen, 'n büschen schnacken. Bei ihm heißt es schwätzen. Für eine Viertelstunde, zu mehr reicht seine Zeit sowieso nicht. Während ich noch warte, trinke ich einen Lumumba, heißen Kakao mit Rum und Sahnehäubchen, und beobachte ihn, den untersetzten, wohlgenährten, gutherzigen Schwaben in Jeans und weitem Hemd, mit wallender Mähne und qualmender filterloser Gauloise in der Hand, wie er eifrig durch sein brechend volles, vor Stimmengewirr und fröhlichem Lachen vibrierendes Holzhaus wuselt, sich um alles kümmert, für jeden, der ihn anspricht, ein freundliches Wort parat hat.
Immer wenn ich ihn sehe, freue ich mich, dass er, der prominenteste Prominenten-Wirt Deutschlands, so gar nicht in das Klischee passt. Er legt bei der so genannten besseren Kundschaft nicht diese schreckliche Beflissenheit an den Tag, die sich bei geschickter Tarnung als Kumpelhaftigkeit gibt. Er schnauzt keine weniger bedeutenden Gäste an, die unangemeldet am Tresen stehen und hoffnungsvoll nach einem eventuell noch freien Tisch fragen. Im Gegenteil: Wenn er jemanden abweisen muss, macht er ein todtrauriges Gesicht, weil er als Gemütsmensch sich die Vorfreude vorstellen kann, welche die jetzt vergebens Gekommenen eben auf dem Weg durch die Dünen oder unten am Strand beseelt hat. Er staucht nicht vor allen Leuten sein Personal zusammen, um seine Autorität zu beweisen. Wenn er sich mit dir unterhält, schielt er nicht mit einem Auge in die andere Richtung, weil da möglicherweise ein wichtigerer Mensch stehen könnte. Er wird auch nicht in fortgerückter Stunde jemals über einen Gast herziehen, geschweige denn aufgeschnappte oder ihm anvertraute intime Details ausplaudern.
Indiskretion ist etwas, was Herbert Seckler zutiefst verachtet. Vor kurzem haben zwei seiner prominenten Stammgäste Bücher mit indiskreten, unappetitlichen Details ver-

öffentlicht, der eine einen Schlüsselroman, der andere seine Memoiren. »Sowas tut man doch nicht! Das ist doch Vertrauensbruch!«, schnaubt er empört, als er sich jetzt an meinem Tisch niedergelassen hat, ein bisschen aus der Puste. Er gibt sich dabei keine Mühe, leise zu sprechen, denn erstens ist es sowieso ziemlich laut im ›Sansibar‹, und zweitens darf ruhig jeder hören, dass er, Herbert, so hohe moralische Ansprüche an das Leben, an sich und an seine Gäste stellt. Bekümmert schaut er aus seinen treuherzigen Augen und meint: »Am liebsten wäre es mir, die würden sich hier gar nicht mehr sehen lassen. Man kann denen ja nie wieder etwas erzählen, ohne dass es irgendwann in so einem Schmuddelbuch steht.«

Ist eigentlich auch an ihn schon mal der Wunsch herangetragen worden, seine Autobiografie zu schreiben? Er winkt ab. »Da kommt fast jeden Monat einer und fragt mich das.« Das käme aber für ihn nicht infrage, erstens wegen der erwähnten Abneigung gegen Klatsch, und zweitens, selbst wenn er Lust dazu hätte, wann bitteschön sollte er sich hinsetzen und schreiben? Nachts, wenn er todmüde nach Hause kommt? Morgens, wenn er sich freut mal ein paar private Minuten mit seiner Frau und den vier gemeinsamen Kindern zu haben? Vormittags, wenn er mit seinem Partner Michael Hamann und dem Küchenchef das Programm des Tages festlegt? Nachmittags, wenn er in seiner weiteren Eigenschaft als Weinhändler Interessenten durch das in den Dünensand gebaute Beton-Kellergewölbe mit den vielen Holzregalen und dem langen wuchtigen Probiertisch führt, seinen Weinkeller (»mein Denkmal«), der mit über 50 000 gelagerten Flaschen seinesgleichen sucht?

»Memoiren schreiben, das geht nur, wenn man Zeit hat, und wenn man Zeit hat, hat man sonst nichts zu tun, und wenn man sonst nichts zu tun hat, ist das Restaurant leer, und wenn das Restaurant leer ist, bin ich erfolglos, und

wenn ich erfolglos bin, interessiert sich keiner mehr für meine Memoiren. So einfach ist das. Weischd?«
Auf dem Teppich bleiben nennt man so etwas wohl. Ich habe schon Leute die Bodenhaftung verlieren sehen, die weit weniger vorzuweisen haben als Herbert Seckler, geboren in Aalen, Baden-Württemberg, Sohn eines Prokuristen und einer Hausfrau. Sein Lebensweg ist wahrlich beeindruckend: Fernmeldetechnikerlehre abgebrochen, stattdessen im Waldgasthof ›Erzgrube‹ Koch gelernt. Wanderschaft, Arosa, Montreux, Stockholm. Dienst auf einem Kreuzfahrtschiff. Dann Sylt. Mitte der 70er Jahre war das, und eigentlich wollte er nur eine Saison im Munkmarscher Restaurant ›Moby Dick‹ kellnern. Doch er verliebte sich in eine Schauspielschülerin aus Tübingen, die ebenfalls auf der Insel jobbte. Sie beschlossen zu bleiben, erstmal. Ein Steuerberater schwatzte ihnen die Pacht vom Campingplatz in Tinnum auf. »Schnaps, Bier und Kloppereien«, wie er sich erinnert. Nächste Station: ein rosaroter Kiosk am Steg zum Rantumer Strandabschnitt »Sansibar«, geöffnet von Mai bis Oktober. Im Angebot: Kinderschaufeln, Badelatschen, Hähnchen aus der Fritteuse, Currywurst, Cola, Säfte, Bier. Um die Familie über Wasser zu halten, übernahm er im Winter die gastronomische Betreuung des Lister Ausflugsdampfers »Palucca«, merkte dabei, dass auch in der kalten Jahreszeit Gäste auf Sylt sind, weshalb er seinen Kiosk irgendwann ganzjährig öffnete. Doch dann brannte der ab, 1982. Niemand kam zu Schaden, im Gegenteil, der betrübliche Vorfall hatte durchaus sein Gutes in Form der ausgezahlten Versicherungssumme. Die Secklers bauten eine größere, winterfeste Bretterbude in die Dünen, mit elektrischem Strom, draußen flatterte eine Piratenflagge im Wind. Neugierige Gäste traten zaghaft näher, rieben sich verwundert die Augen.
Schau mal, wie eine Skihütte am Meer.
Sogar eine mit richtigem Essen, nicht nur Heringstopf und

Frikadelle. Auch mal gebratene Scholle, Lamm oder Tafelspitz. Und Spätzle, in allen Variationen (»muschd probieren!«). Pils vom Fass. Ordentlicher Rotwein, ordentlicher Weißwein.
Na, ob das man gut geht, so ein Betrieb mitten in den Dünen, sagten die Sylter. Gibt doch eigentlich schon genügend Restaurants. Am Strand, wollen die Leute denn da richtig essen?
Es ging nicht nur gut. Es ging fantastisch. Es nahmen zu: die Anzahl und Qualität der Speisen, desgleichen der Getränke. Die Bretterbude mit der Piratenflagge zog auf einmal Gourmets und Weinkenner in ihren Bann. Und dann kamen sie: die Promis.
Es kamen zunächst die Würdenträger aus den Hamburger Verlagshäusern, die Jahrs, die Springers, die Ganskes, die Bauers und deren diverse Verantwortungsträger, Geschäftsführer, Anzeigenchefs, Chefredakteure. Die fühlten sich so wohl, dass sie nicht nur beim nächsten Mal erneut im ›Sansibar‹ einkehrten, sondern, zurück in ihren Verlagen, auch mal einen Abstecher in die Redaktionsstuben unternahmen, um dort den journalistischen Schreibkräften diskret einen Hinweis auf diese tolle Holzhütte in den Sylter Dünen zu geben.
Und so geschah es, dass sich der ehemalige Campingplatzaufseher Herbert Seckler etwa ab Mitte der 80er Jahre an das bis dato völlig unbekannte Gefühl gewöhnen musste, seinen Namen und den seines Restaurants nicht nur im Sylter Telefonbuch und in der *Sylter Rundschau*, sondern auch in *Bild*, im *Stern*, in der *Bunten*, sogar im *FAZ-Magazin* zu lesen. Und je mehr er in der Zeitung stand, umso häufiger rückten auch die an, die immer in der Zeitung stehen.
Der publizistische Ritterschlag erfolgte 1997 von der *Zeit*. Sechs Spalten, großes Foto, Überschrift: »Onkel Herberts Hütte«. Zufällig kam ich gerade des Weges, als der Artikel erschienen war. Herbert Seckler hatte ihn bereits ausge-

schnitten, hinter Glas gesteckt und, gegenüber von der Eingangstür, an die Wand gehängt. Ein bisschen Eitelkeit wird wohl erlaubt sein, außerdem lässt man ja den Gast an den Ehrungen des Patrons gern teilhaben.
Wenn ich es mir allerdings genauer überlege, ist Herbert Seckler gar nicht eitel. Nein, es muss etwas anderes sein: Dass er nicht beabsichtigt, sich auf seinem Erfolg auszuruhen, und schon gar nicht, sich irgendwo auf die faule Haut zu legen, erzählt er jedem, der ihn danach fragt. Er macht so gut wie nie Urlaub, fährt ungern weg. Er weiß und hat wohl auch tief im Innern die Furcht, dass alles morgen vorbei sein kann. Dem versucht er mit härtester Arbeit vorzubeugen. Er weiß aber auch und macht sich diesbezüglich keine Illusionen, dass er der, zu dem er wurde, nur in den Dünen zwischen Rantum und Hörnum ist. Also hat er bisher allen Angeboten widerstanden, an anderer Stelle dieser Republik ein Feinschmeckerlokal zu eröffnen.
Es muss da in der Seele dieses so arbeitswütigen und lebensbejahenden Pfiffikus', einer Seele übrigens, die keinen Arg kennt, ein riesengroßes Reservoir an Dankbarkeit geben. Dank an das wohlwollende Schicksal, Dank an seine Frau Helga, die ehemalige Schauspielschülerin, Dank an seine Gäste, egal, ob die einen berühmten Namen tragen oder nicht, Dank an die vielen Journalisten, die seine Geschichte als das beschrieben haben, wie er selber sie empfindet: als ein modernes Märchen.
Und erst wenn diese vielen Einheiten des Dankes abgestattet sind, so nehme ich an, erlaubt sich Herbert Seckler auch mal ein Gefühl des Stolzes. Ganz kurz aber nur. Zwischen zwei Filterlosen.

Robiola mit Knoblauchspaghetti und Ofentomaten

Herbert Secklers Lieblingsrezept

Für 4 Personen:
Für die Ofentomaten:
400 g Zwiebeln
Öl zum Braten
Salz und Pfeffer
1 Prise Muskatnuss
500 g reife Tomaten
Zucker
1 TL gehackter Thymian und Rosmarin
abgeriebene Schale von 1 unbehandelten Orange
2 Knoblauchzehen
200 ml Olivenöl
4 Bund gehacktes Basilikum
1 Bund gehackte Petersilie

Für die Spaghetti:
350 g Spaghetti
Salz
1 Zwiebel
2 Knoblauchzehen
200 ml Olivenöl
2 Chilischoten
1 Bund Petersilie
1 EL geriebener Parmesan
Pfeffer, 1 Prise Muskatnuss
300 g Robiola (italienischer Frischkäse)

Für die Ofentomaten die Zwiebeln schälen, in Scheiben schneiden, in einer Pfanne in Öl 5 Minuten dünsten. Mit Salz und

Pfeffer würzen, mit Muskatnuss abschmecken und beiseite stellen. Tomaten waschen und vierteln. Mit den Zwiebeln auf ein tiefes Backblech legen, mit Salz, Pfeffer und 1 Prise Zucker würzen. Mit Thymian, Rosmarin und Orangenschale bestreuen. Knoblauch schälen und in Scheiben schneiden, auf die Tomaten-Gemüse-Mischung geben und alles mit dem Olivenöl beträufeln. Im 80 °C vorgeheizten Backofen etwa 3 Stunden schmoren. Zum Schluss die Petersilien- und Basilikumblätter dazugeben.
Spaghetti in reichlich Salzwasser al dente kochen. Zwiebel und Knoblauchzehen schälen, Zwiebel in Würfel, Knoblauch in Scheiben schneiden. Das Olivenöl in einer Pfanne erhitzen, die Zwiebelwürfel und Knoblauchscheiben darin rösten. Chili putzen, entkernen und in Ringe schneiden. Petersilie waschen, trockenschütteln und klein schneiden. Die gekochten Spaghetti gut abtropfen lassen, mit dem Knoblauch-Zwiebel-Öl begießen. Mit Salz, Pfeffer und Muskatnuss abschmecken und mit Chiliringen, Petersilie und geriebenem Parmesan bestreuen. Zum Anrichten die Spaghetti auf 4 Teller verteilen, jeweils 1 Scheibe Robiola dazulegen und mit Ofentomaten garnieren.

Die Verwandlung

Bereits in der Tiefgarage des Westerländer Hotels ›Stadt Hamburg‹ ist zu spüren, dass etwas anders geworden ist. Es mag sein, dass man eben noch, auf der Fahrt von List, in der Kampener Dorfmitte, wütende klassenkämpferische Aufwallungen niederringen musste, weil einem ein Jaguar beim Einbiegen in die »Whiskymeile« in übelster Manier die Vorfahrt genommen hat. Jetzt, als ich aus dem Auto aussteige und den roten Läufer betrete, der über den Boden der Garage zu Treppe und Lift führt, ruht mein Auge wohlgefällig auf den feinen, blank geputzten Karossen, die hier geparkt sind. Ein Gentleman in feinem englischen Sakko, *FAZ* und *Financial Times* (Londoner Originalausgabe, versteht sich) unterm Arm, kommt mir entgegen, grüßt freundlich-verhalten. Ich grüße freundlich-verhalten zurück. Eine Glastür springt auf, wie von Geisterhand betätigt, dann noch eine. Im Erdgeschoss empfängt mich ein langer Flur, von dem weitere lange Flure abgehen und zu den verschiedenen Flügeln des Hotels führen.

Die niedrigen, leicht verwinkelten Flure im 1869 erbauten und seitdem mehrfach umgestalteten und modernisierten Hotel ›Stadt Hamburg‹ verströmen Harmonie und Wohlbefinden, mehr noch: Sie erzeugen ästhetisches Entzücken. Sie sind wahre innenarchitektonische Erlebniswelten auf höchstem Niveau. An kostbaren englischen Antiquitäten schreite ich vorbei, an Sekretären, Standuhren, Kommoden, Vitrinen. Überall stehen Vasen mit frischen Blumen. Ruhebänke laden zum Verweilen ein; auf einer sitzt gerade ein junges Mädchen, vielleicht 17 Jahre alt, und liest, mit vor Aufregung geröteten Wangen, einen handgeschriebenen Brief. Ich biege um eine Ecke, begegne einem Ehepaar, das gerade sein Zimmer verlässt, und kann dabei einen Blick ins Innere erhaschen: gediegene Gemütlichkeit, weicher Teppich, feinste Wandbespannung, Antiquitäten und Vasen mit frischen Gewächsen auch hier, Stiche mit historischen Motiven von der Hamburger Außenalster mit ihren prächtigen Herrenhäusern; der Name des Hauses verpflichtet schließlich.

Als ich vorne an der Rezeption ankomme und freundlich begrüßt werde, bin ich von der Atmosphäre des Hotels, dieser überaus geglückten Kombination aus Friesen- und englischem Country-Haus, bereits so gefangen, dass nicht mal strahlende Sonne, falls sie von der Strandstraße durch die großen Fenster mit den vielen kleinen rechtwinkligen Scheiben ins Innere fällt, in mir den Wunsch weckt, nach draußen zu treten. Ich bitte darum, den Chef sprechen zu dürfen, es heißt, er telefoniere gerade in seinem Büro, und man schlägt mir vor, bis er fertig ist, im Kaminzimmer Platz zu nehmen: ein in matten Rottönen gehaltener Salon von unaufdringlicher Eleganz mit englischen Möbeln und einer kleinen, sorgfältig bestückten Bücherwand. In einer Ecke studiert eine ältere Dame im Spitzenkleid die Speisekarte für den Abend, auf dem Sofa hinter der Balustrade tuschelt ein verliebtes Pärchen.

Ich lasse mich auf einem der gemütlichen Stühle nieder und bin angekommen: in einer Welt ohne Geschrei und Gezänk, ohne Tarif- und Rentenanpassungsprobleme, ohne Debatten über Beitragserhöhungen bei den Krankenkassen und Kürzungen bei den Lohnnebenkosten, ohne Armut, Kriege und Terroranschläge. Wie in einem Roman von P. G. Wodehouse, denke ich, schließe kurz die Augen und befinde mich in der Bibliothek von Blandings Castle. Ich fingere hinter mir an der Wand herum, ertaste eine Klingel und drücke sie. An meinem Ellbogen hüstelt jemand respektvoll: Es ist Beach, der Butler.

»Sir?«
»Ah, Beach! Schön, Sie wieder zu sehen. Einen Gin Tonic bitte. Sie wissen ja, statt Zitrone lieber mit einer Orangenscheibe!«
»Selbstverständlich, Sir. Wie immer.«
»Danke! Sagen Sie, Beach, ist Lord Emsworth schon eingetroffen?«
»Er steht vor Ihnen, Sir!«
Ich öffne die Augen. Harald Hentzschel, der Chef des Hotels ›Stadt Hamburg‹, ist da.

Ich kann mich erinnern, dass ich schon als Kind eine eigentümliche Faszination spürte, wenn meine Mutter mit uns Kindern in den flachen weißen Klinkerbau einkehrte und uns im Café ein Eis spendierte, während sie für sich einen Mokka bestellte. Das geschah vielleicht einmal im Jahr. Haralds Vater Hans Hentzschel führte das Hotel, das, wenn ich mich recht erinnere, 20 Zimmer hatte (heute sind es 72), von dem es aber damals schon hieß: »Das erste Haus am Platz«. Diesen Ausdruck verbinde ich für immer mit dem ›Stadt Hamburg‹; ich konnte mir nie so recht vorstellen, was er bedeutete. Wieso erstes Haus am Platz? Was für ein Platz überhaupt? Da war doch gar kein Platz, da war nur die Strandstraße, eine noch ziemlich verwilderte Meile, und an ihrem unteren Ende dieses Hotel, in dem man sich ruhig und gemessen zu bewegen hatte, im gedämpften Ton sprach, Kinder am besten ganz den Mund zu halten hatten und ich den Brauch des Trinkgeldgebens kennen lernte. »Dankeschön, stimmt so«, sagte meine Mutter und rundete von Dreimarksiebzig auf vier auf. Als wir draußen auf der Straße standen, fragte ich sie, weshalb sie das getan hätte, und sie sagte geheimnisvoll: »Das nennt man Trinkgeld. Das macht man so in besseren Häusern. Damit drückt man seine Wertschätzung für die gute Bedienung aus.«
Hans Hentzschel war nicht nur leidenschaftlicher Hotelier,

sondern auch ein inspirierter Zeichner. Von ihm stammt das berühmte und lange verwendete Werbeplakat der Westerländer Kurverwaltung, auf dem, züchtig und stilisiert, eine unbekleidete Frau sich vornüber in die Wellen stürzt. Jahrelang schlummerte dieses Motiv im Sylter Archiv, bis es vor wenigen Jahren, ohne dass jemand die Genehmigung des Sohnes einholte, wieder reaktiviert wurde; jetzt begrüßt es am nördlichen Ortseingang von Westerland die von Wenningstedt kommenden Autofahrer.
Harald Hentzschel und ich haben beide das Gymnasium in Westerland besucht, sind uns aber dort nie begegnet. Kennen gelernt haben wir uns auch nicht auf Sylt, sondern in Hamburg. Ein Vierteljahrhundert ist das inzwischen her. Ich war Redakteur beim *Stern*, Arbeitsgebiet: Musik und Unterhaltung, und hackte gerade einen bedeutenden Beitrag in die Schreibmaschine, als die Tür aufging und ein hochaufgeschossener Schlacks mit einer großen Mappe unter dem Arm mein kleines enges Dienstzimmer betrat: Harald Hentzschel, Student der Betriebswirtschaft an der Hamburger Uni und, wie sich herausstellte, Musikkenner und leidenschaftlicher Hobbyfotograf. Seine bevorzugten Motive: Rockmusiker in Aktion. Er selbst trug damals nicht, wie sonst fast alle, die sich im Musikermilieu herumtrieben oder beruflich damit zu tun hatten, die übliche schulterlange »Matte«, sondern hatte denselben Kurzhaarschnitt, den er noch heute hat. (Überhaupt sieht er noch so aus wie damals, immer noch umgibt ihn eine studentische Aura.) Lange Haare hätten seine Eltern, die ihn bereits ausersehen hatten, einst das Hotel zu führen, ihm vermutlich auch gar nicht durchgehen lassen.
Jedenfalls legte er höflich und bescheiden eine Auswahl hervorragender Fotos der englischen Band Genesis auf meinen Schreibtisch und bot sie dem *Stern* zur Veröffentlichung an. Er hatte die Band in der Hamburger Musikhalle fotografiert. Auf dem Sektor Rockmusik ließ man

mich damals bei der Zeitschrift nach Belieben schalten und walten. Es wäre deshalb für mich ein Leichtes gewesen, eine Story über Genesis vorzubereiten und »ins Blatt zu heben« und zu diesem Zweck dem jungen Herrn Hentzschel ein oder zwei Bilder abzukaufen. Das tat ich aber nicht, weshalb nicht, ist mir entfallen. Ich glaube, es lag daran, dass mir Phil Collins und seine Mannen damals nicht bedeutend genug erschienen. Ein originelles Foto von den Rolling Stones oder Ray Charles hätte ich bestimmt sofort genommen. So subjektiv sind manchmal die Kriterien in den Redaktionen!

Die Genesis-Fotos, zusammen mit Aufnahmen anderer von ihm fotografierter Berühmtheiten aus der glorreichen Ära des Rock wie Rory Gallagher, Steve Marriott, The Who und Led Zeppelin hängen heute im Treppenhaus seines Privathauses in Westerland. Und im ersten Stock befindet sich Haralds Gitarrensammlung: Stratocaster, zwölfsaitige Rickenbaker, akustische Grant.

Man kann sich also vorstellen, welchen Verlauf unser Gespräch alsbald nach der Begrüßung im Kaminzimmer des Hotels genommen hat. Alle unsere Gespräche nehmen diesen Verlauf, wenigstens am Anfang. Das letzte Mal war es der Bluesmusiker Walter Trout, von dem er mir in den höchsten Tönen vorschwärmte, ich aber kaum etwas wusste, worauf er mir zu Hause, am selben Abend noch, zwölf Stücke des Künstlers auf eine CD brannte.

Ich mag ihn dafür, mit welcher Hingabe er sich allem widmet: seiner Frau Moni (deren Kennerschaft und Geschmackssicherheit das ›Stadt Hamburg‹ seine innenarchitektonische Handschrift verdankt), seinem Sohn, seinen Freunden, seiner Musik, seiner Fotografiererei (jedes Jahr produziert er einen Syltkalender) und, eben, seinem Hotel. Wenn der Nachtportier ausfällt, setzt er sich auch noch auf dessen Stuhl, wenn's sein muss, bis zum nächsten Morgen. Ich habe ihn noch nie von selbst über sich selbst reden hören. Über sich selbst erzählt er nur auf Nachfrage. Und als ich ihn kürzlich fragte, ob er in all dem Stress schon mal laut geworden sei, setzte er sein freundliches Primanerlächeln auf und sagte: »Wer schreit, hat Unrecht. Gebrüll kann ich nicht ab.«

Und weil das so ist und im Hotel nicht gebrüllt wird und alles in friedvollen Bahnen verläuft und es im Personal keinen Ärger gibt und unter den Gästen auch nicht und weil sie sich alle immer freuen, wenn der sympathische Inhaber des Weges kommt, hat dieses Hotel eine so unverwechselbare Ausstrahlung. Ich behaupte, dass aus mir, wohnte ich ein Jahr ununterbrochen im ›Stadt Hamburg‹, langsam ein anderer Mensch würde. Die Welt da draußen, sie würde allmählich verschwimmen. Ihre Konturen würden sich verwischen. Ihre Kämpfe und Krämpfe würde man irgendwann nicht mehr wahrnehmen. Nur noch diesem Hotel gehören. Nur noch seinen Regeln, Gesetzen und Schwingungen gehorchen. Leicht und elegant über die Flure schweben.

Die Beach Boys hat Harald Hentzschel nicht in seiner Fotosammlung, obwohl sie es verdient hätten, denn in einem ihrer Hits haben sie die Wirkung seines Hotels besungen:

»… giving me excitations,
pickin' up good vibrations.«

Pot-au-feu von Dorsch und Muscheln

Für 4 Personen:

1 kg Miesmuscheln
60 g Schalotten
60 ml Olivenöl
1 Lorbeerblatt
1 TL zerstoßene Pfefferkörner
2 Stiele Petersilie

$^1/_4$ l Weißwein
100 g Lauch
100 g Karotten
100 g Sellerie
800 g Dorschfilet mit Haut
Salz und Pfeffer
$^1/_2$ l Fischfond (aus dem Glas)
1 g Safran
1 EL gehackte Petersilie

Muscheln unter fließendem kaltem Wasser gründlich abbürsten. Schalotten schälen und in Scheiben schneiden. In einem großen Topf 40 ml Olivenöl erhitzen, die Muscheln sowie Lorbeerblatt, Schalotten, Pfefferkörner und Petersilienstiele dazugeben. Alles zugedeckt 2 Minuten garen. Weißwein dazugießen und nochmals etwa 6 Minuten garen. In ein Sieb gießen und den Fond auffangen. Muscheln, die sich nicht geöffnet haben, entfernen.
Lauch putzen und waschen, Karotten und Sellerie schälen und alles in Rauten schneiden. Das Dorschfilet salzen und pfeffern. Das Gemüse im restlichen Olivenöl andünsten, Muschel- und Fischfond dazugießen und die Fischfilets darin etwa 6 bis 8 Minuten garen. Den Fisch herausnehmen und warm stellen. Den Safran in den Fond rühren und etwa 5 Minuten bei schwacher Hitze einkochen lassen. Eventuell mit Salz und Pfeffer abschmecken. Die Gemüse-Muschel-Brühe in 4 Suppenteller geben. Die Fischfilets darauf anrichten. Mit gehackter Petersilie bestreuen. Dazu am besten Salzkartoffeln servieren.

Rezept von Ulrich Person,
Chefkoch im Hotel ›Stadt Hamburg‹

Geschichtsstunde mit Koks

Einige Zeit ist das jetzt schon her, dass ich in Kampen auf der Koks-Party eingeladen war. Es war die erste und bisher einzige meines Lebens, und ich behalte sie in schönster Erinnerung, weil ich sie um 500 Mark reicher verließ.

Koks-Party ist vielleicht ein bisschen übertrieben, denn bis morgens gegen vier, als es über dem Wattenmeer schon hell wurde, war es eine ganz normale Party gewesen, eine, deren Räusche ausschließlich aus legalen Substanzen gespeist wurden. Die Gastgeber, ein überaus großzügiges österreichisches Schmuckfabrikanten-Ehepaar, das im östlichen Kampen eine prächtige Reetdachvilla sein eigen nannte, hatten es an nichts fehlen lassen: Kaum hatte man Teller oder Glas geleert, stand schon ein livrierter Kellner hinter einem, um nachzufüllen. Die meisten Gäste waren auch Österreicher, dazu ein paar Hamburger, Berliner und Rheinländer.

Gegen drei begann die Stimmung leicht abzusacken. Die ersten Gäste wanderten ab, ließen draußen die Motoren ihrer Autos zum Abschied kräftig aufheulen oder – wenn noch ein Hauch Vernunft in ihnen war – machten sich zu Fuß über die vom Mondschein beschienene Heide.

Ruhiger geworden und mit der ersten Müdigkeit kämpfend, lümmelten sich die Übriggebliebenen drinnen auf Sessellehnen und auf dem Fußboden und nestelten aneinander herum. Wieder andere schwenkten im Garten oder auf der Veranda mit allmählich nachlassender Kraft die Gläser.

Dann der Moment, auf den die Insider offenbar schon gewartet hatten. Der Höhepunkt. Mit feierlicher Gebärde

schüttete unser Gastgeber eine größere Menge weißen Pulvers auf den vorher penibel von Krümeln und Bierpfützen gereinigten Glastisch. Mit einer Diners-Club-Kreditkarte brachte er die Fläche in Form, glättete sie und zog feine Linien hindurch. Dann holte er einen 500-Mark-Schein aus dem Portemonnaie, rollte ihn zu einem Röhrchen, das von Gast zu Gast weitergereicht wurde.
Das Gros der Schniefer bewies seine Kennerschaft durch fachkundige Kommentare: »Hervorragende Ware«, »Guter Stoff, muss man sagen«, ein knappes verzücktes »Mhhm« oder ein ekstatisches »Aahhh, ganz ausgezeichnet«. Einer verwechselte die Veranstaltung wohl mit einer Weinprobe – vielleicht sollte es aber auch ein Witz sein – und rief euphorisiert: »Hervorragendes Bouquet, eleganter Abgang!«
Nachdem die Runde um war, entrollte der Gastgeber das Röhrchen wieder, hielt den 500er hoch und sprach: »Wer jetzt die beste Geschichte erzählt, nicht länger als fünf Minuten bitte, der kriegt den Schein.«
Dies gehörte offenbar nicht zum üblichen Ritual. Später erfuhr ich, dass ein 500-Mark-Schein zwar immer als Preis ausgesetzt wurde, dass aber die Aufgabe, die man erfüllen musste, um ihn zu erlangen, stets eine andere war. Das Mal davor soll es eine Art erotischen Blindekuh-Spiels gewesen sein.
Diesmal also eine Geschichte. Nicht schlecht, dachte ich bei mir, eine kleine Chance somit auch für mich, den Preis zu bekommen, denn Geschichten erzählen, das ist immerhin mein Beruf, wenn ich auch, was die mündliche Variante betrifft, noch nie eine große Leuchte war. Vor allem nicht vor so vielen Leuten. Aber egal, man war gut drauf, unbekümmert und redselig. Ich nahm mir vor, mich zum langsamen Sprechen zu zwingen, nicht zu lallen und zu haspeln, wenn die Reihe an mich kam, denn das genau tat der erste, der das Wort ergriff. Er verzettelte sich in einer verworrenen Story: Wie er in Afrika auf Safari um Haaresbreite von

einem Löwen gefressen worden wäre, hätte da nicht in buchstäblich letzter Minute ein Pfleger einen Warnschuss abgegeben. Mäßiger Beifall.

Der nächste steuerte ein längliches erotisches Abenteuer bei, dessen Einzelheiten mir entfallen sind; ein eifersüchtiger Mann saß im Schrank des Schlafzimmers oder so ähnlich. Auch hier: schlaffe Resonanz beim Publikum.

Dann kam eine junge Frau an die Reihe, die mit vor Aufregung roten Bäckchen berichtete, wie sie ihren Freund auf einer Urlaubsreise im schicken indischen Aussteigerparadies Goa kennen gelernt hatte: rührend, aber quälend langweilig, nicht zuletzt deshalb, weil der besagte Freund ihr mehrfach ins Wort fiel und Korrekturen an der Geschichte anbrachte. Desinteresse bei den Zuhörern.

Und so weiter und so weiter. Der stärkste und heftigst beklatschte Beitrag vor meinem Auftritt war der eines Unternehmers, der von einer Dienstreise nach Warschau noch in den Zeiten des Kalten Krieges erzählte. Die Pointe bekomme ich nicht mehr hin – es ging jedenfalls um eine schöne Spionin, die er an der Bar eines Devisenhotels getroffen hatte.

Schließlich war ich an der Reihe.

Meine Geschichte, mit der ich nun in den Ring gehen wollte, hatte ich zum ersten Mal gehört, als ich neun Jahre alt war, zehn Kilometer weiter nördlich: auf der Wanderdüne zwischen List und dem Weststrand. Der Erzähler war Herr Thies gewesen, Lehrer für Deutsch, Geschichte, Heimatkunde, Religion, Musik und Turnen in der Volksschule List.

Herr Thies war ein begnadeter Geschichtenerzähler; ich schätze, es vergeht kaum ein Monat, an dem mir nicht irgendeine seiner Erzählungen wieder in den Sinn kommt. Vor allem die Begebenheiten aus dem Alten Testament brachte er so fesselnd, dass wir atemlos und nicht einen Mucks von uns gebend an seinen Lippen hingen.

An den Ausflug mit der 3. Klasse erinnere ich mich, als sei es erst vor ein paar Jahren gewesen: ein frischer Frühlingsmorgen, großes Hallo schon auf dem Schulhof, von zu Hause ordentlich Proviant mitgekriegt, freudige Erwartung. Die Klasse marschiert von List über Dünen und durch Täler, rauf und runter, kreuz und quer über die Heide, in Richtung offenes Meer. Herr Thies mit großen Schritten vorneweg, wir hinterher. Irgendwann bleiben die ersten zurück, vertrödeln sich, fangen an zu jammern: »Wir können nicht mehr, Herr Thies, geht's nich 'n büschen langsamer?«

Herr Thies bleibt stehen, wartet, bis alle aufgeschlossen haben, und sagt: »Stellt euch man nicht so an, diese paar Kilometer zum Weststrand, das ist doch gar nichts. Da gab es mal einen, der ist über tausend Kilometer gelaufen, um nach Sylt zu seiner Liebsten zu kommen.«

»Wer war das denn?« Alle wittern eine spannende Thies-Geschichte und damit die willkommene Unterbrechung des Fußmarsches.

Inzwischen haben wir den Fuß der Wanderdüne erreicht. Leuchtend weiß, von keinem Halm bewachsen und bedrohlich ansteigend liegt sie vor uns. Wenn man sich hinlegt und hochlugt, wirkt sie so riesig, wüst und unbezwingbar wie die Sahara. Herr Thies sagt: »Na, dann setzt euch mal hin, ich erzähl euch das eben.«

35 Kinder bilden einen Halbkreis um ihren Lehrer und hören fasziniert die Geschichte des Deutsch-Dänischen Krieges 1864. »Hier, wo wir gerade sitzen, und überall auf der Insel« – Herr Thies macht eine große Armbewegung in Richtung Süden – »tobten heftige Kämpfe. Da fielen sogar Schüsse.«

Unser Lehrer erzählt, wie die Preußen und die Österreicher sich zusammengetan hatten, um dem Königreich Dänemark das Herzogtum Schleswig abzuknöpfen. Zu Schleswig gehörte Sylt. Ein dänischer Kapitänleutnant namens Otto Christian Hammer ankerte mit seiner Flotte im Wattenmeer, um die Abspaltung zu verhindern, was ihm nicht gelang – die Sylter drängte es fast geschlossen unter deutsche Obhut.

Hammer verhängte den Belagerungszustand, ließ die Rädelsführer auf der Insel festnehmen und nach Kopenhagen ins Gefängnis bringen. Aber es nützte alles nichts: Am 13. Juli führte der Sylter Kapitän Andreas Andersen einen rettenden Trupp österreichischer Soldaten aus der Steiermark durch das Wattenmeer nach Sylt. Hammer gab auf und verzog sich mit seinen Schlachtschiffen. Die Herzogtümer Schleswig und Holstein und mit ihnen Sylt und mit Sylt auch das Listland (das bis dato als dänische Enklave einen Sonderstatus gehabt und unmittelbar dem König unterstanden hatte) kamen zum Deutschen Bund.

Mehrere österreichische Soldaten wurden zu Sylter Ehrenbürgern ernannt. Den Geburtstag des österreichischen Kaisers Franz-Joseph am 18. August feierten die Sylter jahrelang mit Umzügen und Feuerwerken.

Und jetzt kommt's: Der österreichische Infanterie-Jäger Wenzel Wohner, tapferer Krieger gegen den dänischen Gegner, fand auf dieser fernen, ihm bis dato unbekannten Insel, genauer gesagt: in Tinnum, seine große Liebe, eine schöne blonde Friesin. Und als er wieder zu Hause war, zurück in der Kaserne und bei seinen Landsleuten, da packte ihn eine so unbeschreibliche Sehnsucht nach dem Mädchen aus Tinnum, dass er sich zu Fuß auf den Weg zu ihr machte. Von der Steiermark nach Sylt, eintausendzweihundert Kilometer – das muss man sich mal vorstellen! Über zwei Monate war er unterwegs, bis er seine Liebste erschöpft aber glücklich in die Arme nahm. Er gründete eine Familie mit ihr, wurde Vollziehungsbeamter, betrieb auch noch eine Landwirtschaft.

»Der Österreicher ist also unser Freund«, hatte Herr Thies zum Abschluss seiner improvisierten Geschichtsstunde am

Fuß der Wanderdüne gesagt, und dasselbe Fazit zog ich nun in Kampen auf der Koks-Party, als ich meine Erzählung ohne zu stolpern und ohne zu überziehen über die Runden gebracht hatte.

Keiner der versammelten Österreicher hatte jemals von diesem historischen Verdienst seines Vaterlandes gehört, geschweige denn von Wenzel Wohner. Umso stolzer waren sie nun auf ihre Vorfahren, auf ihr Land und auf sich. Eine neue Sylter Identität bemächtigte sich ihrer, es gab stehenden Applaus, und die vier, fünf Partygäste, die noch nicht dran gewesen waren, verzichteten weise auf einen eigenen Beitrag. Per Akklamation wurde ich zum Sieger des Wettbewerbs gewählt und bekam vom Gastgeber feierlich den Geldschein überreicht. Man ließ mich hochleben und ernannte mich zum Ehren-Österreicher.

Die Party war zu Ende, wir traten vor die Tür und verabschiedeten uns. Es war nach sechs, die Sonne hatte ihren täglichen Rundgang begonnen. Ich schlug den Weg nach Norden ein, über die zum Fahrradweg ausgebaute ehemalige Inselbahntrasse durch die Dünen. Rechts stieg die Sonne immer höher, verbreitete erste wohlige Wärme. Zur Linken tauchten die grau-beigen Holzbaracken von Klappholttal auf. Das ehemalige freideutsche Jugendlager, das heute als »Akademie am Meer« gleichzeitig der Bildung und der Erholung sinnsuchender und wissensdurstiger Gäste gewidmet ist, erwachte zum Leben. Fenster wurden aufgerissen, Zimmer gelüftet. In der Küche des Hauptgebäudes sah ich Frauen in weißen Kitteln hantieren. Im rückwärtigen Teil des Geländes machte eine Gruppe älterer Sinnsucher unter Anleitung eines Sportlehrers Freiübungen: aufrecht hinstellen, Knie durchdrücken, Handspitzen vor die Brust, Ellbogen und Schultern rhythmisch zurückbewegen. Ein paar Minuten machte ich heimlich mit, steigerte mich dann, indem ich wie wild hin und her sprang und in die Luft boxte.

Hinter Klappholttal schlug ich mich nach Backbord in Richtung offenes Meer. Hier war noch kaum jemand unterwegs, nur ein paar Nackte trabten schon am Meeresrand entlang. Draußen auf dem Meer brachte ein Windsurfer das Kunststück fertig, mit seinem Brett über das friedliche Wasser zu gleiten, obwohl gar kein Wind wehte. Noch weiter entfernt hatte ein Fischerboot die Netze ausgeworfen. Oben drüber kreisten schon lauernd die gefräßigen Möwen.

In der Jackentasche knisterte der 500er, ich umarmte das Universum und dachte dankbar an Herrn Thies.

Wenn Pieten erzählt

Pieten hat einen kleinen Fischkutter, die »Seute Liese«. Ihr Liegeplatz ist der Hörnumer Hafen. Der Kutter ist Pietens Leben und ihm mindestens – nein: fast ebenso wichtig wie seine Liese zu Hause, mit der er seit 43 Jahren verheiratet ist und die acht Zimmer an Badegäste vermietet.
Oft fährt Pieten raus zum Fischen, bringt seiner Frau und den Gästen fangfrische Makrelen, Meeräschen, Schollen und, wenn der liebe Gott es gut meint, auch schon mal Seezungen. Ist das Netz voll, kriegen auch die Nachbarn und die Kneipen von Hörnum etwas ab vom Fang. Und der Schiffsjunge, der ihm manchmal zur Hand geht, sowieso.
Pieten ist aber kein hauptberuflicher Fischer, genausowenig wie seine knapp 50 Kollegen, die heute vor der Insel noch die Netze auswerfen. In früheren Jahrhunderten war der Fischfang lebenswichtig für die Sylter – heute wird der auf Sylt angebotene Fisch überwiegend von Hamburger, Husumer und dänischen Fischern gefangen.
Pietens Hauptjob, wenn man das so nennen will, ist Hausbetreuung in Hörnum und Rantum; 'n büschen nach'm Rechten sehen in den Gästeappartements, ab und zu mal was reparieren, den roten und den grünen Container in die richtige Position rollen, wenn einmal die Woche die Müllabfuhr kommt. Und zu Hause, da gibt's auch jede Menge zu tun; Liese erwartet, dass er ordentlich mit anpackt.
Anpacken, das kann er, weiß Gott. Nicht nur anpacken, auch zupacken. Kräftig ist er immer noch. Früher ist Pieten zur See gefahren, große Fahrt, Shanghai, Brisbane, San Francisco. Das ist aber alles ewig und drei Tage her, wie er

sich ausdrückt. »War 'ne ganz nette Zeit.« Mehr lässt er im Allgemeinen nicht raus.

Mit 30 kam er zurück nach Hörnum. Er heiratete seine süße Liese, baute mit ihr ein Haus, wurde sesshaft, arbeitete vorübergehend auf dem Hörnumer Seenotrettungskreuzer, half auch mal im Lister Hafen auf den Ausflugsbooten aus, kaufte dann in Büsum sein eigenes Schiff, einen etwas heruntergekommenen Kutter, den er auf Vordermann brachte und auf seinen jetzigen Namen taufte. Dann kam Arne auf die Welt, Lieses und Pietens einziger Sohn. Der lebt in Hamburg, hat es zum Abteilungsleiter einer großen Reederei gebracht, für die Pieten früher mal gefahren ist, und kommt mit seiner Frau und den beiden Kindern so oft wie möglich auf die Insel.

Wenn das Haus im Sommer voll ist, mit den Kurgästen und »Arne und sin Fru und den Gören«, und er bei dem ständigen Trubel nicht so richtig die Ruhe findet, macht Pieten sich auch schon mal dünne und übernachtet auf seinem Kutter. Er ruft dann zu Hause an, meldet sich ordnungsgemäß ab, brummelt, dass er morgen in Herrgottsfrühe raus muss, gleich mit der ersten Flut, weil hinter Rantum Schwärme von Fischen zu erwarten seien. Und seine Liese sagt dann:

»Is' schon in Ordnung, pass' gut auf dich auf, Käpt'n, aber lass die Buddel zu.«

»Jaja, min Deern«, beruhigt Pieten sie, »da mach dir man keine Sorgen drüber!«

Tut Liese aber, denn ihr Oller, den sie lieb hat wie keinen sonst, und um den sie immer noch ein ganz klein bisschen Angst hat, wenn er auf See ist, schließlich ist er ja auch schon 74, der trinkt gern mal einen über den Durst.

Mit Pieten ist gut trinken, spätabends an Bord, wenn's drum herum totenstill ist im Hafen und allenfalls von den Nachbarbooten ein paar Wortfetzen und Gelächter herüberdringen. Ganz friedlich liegt die »Seute Liese« dann im Hafenbecken, bewegt sich kaum. Und manchmal, wenn es ein besonders schöner Sommerabend ist, wenn man ganz weit in der Ferne die Frösche quaken und einen Hund bellen hört, wenn das Thermometer in der Kajüte mit dem geöffneten Schiebeverdeck immer noch über 20 Grad anzeigt, wenn der Korn, den wir aus der Flasche trinken, kühl, mild und weich die Kehle runterrinnt und wohlige Wärme im Körper verbreitet, wenn der Himmel draußen so sternenklar ist, dass man auf der Deichsel des Großen Wagens entlanghüpfen möchte – dann erzählt Pieten auch endlich mal etwas ausführlicher, als es sonst seine Art ist, aus alten Zeiten.

Dann nimmt er sogar seine Mütze ab, die er sonst immer aufhat, bei gutem wie bei schlechtem Wetter. Pieten trägt nicht, wie so viele Skipper an der Küste, die steife dunkelblaue Kapitäns- oder Lotsenmütze, die mit dem breiten glatten Schirm und dem hohen Steg, auf dem ein Fähnchenabzeichen prangt, sondern die Kopfbedeckung des Hamburger Hafenarbeiters: schwarz, etwas schmuddelig und knuddelig, weicher Stoff, knapp sitzend, flach, ohne Steg, zwei Finger breiter Schirm.

»Echte Ernst-Thälmann-Mütze«, sagt Pieten stolz und lässt sie mich mal anfassen, während er seine weiße Glatze kratzt, an die nie Sonne kommt. Über seinem gebräunten Gesicht mit der dicken Nase, den grauen Augenbrauen und den wasserblauen Augen sieht sie aus wie ein enganliegendes helles Käppi.

Pietens Vater war Hafenarbeiter, nicht in Hamburg, sondern in Altona, das damals noch nicht vom ungeliebten großen Bruder eingemeindet war. »Er war kein strammer Kommunist und schon gar kein Funktionär«, sagt Pieten, »aber er hat mit denen geliebäugelt. Auch mal in die Versammlungen gegangen, auch mal Plakate geklebt, nachts in Ottensen, bei den großen Fabriken. Und ordentlich auf die Fresse gekriegt von den Schweinen.«

Damit meint Pieten die Nazis; er hat sie noch nie anders genannt als »die Schweine«.
Paradoxerweise hat Pietens Vater sich dann, als es in Hamburg und Altona immer schlimmer wurde und man selbst den Kollegen im Hafen und den Nachbarn in der Straße nicht mehr hundertprozentig vertrauen konnte, freiwillig zur Marine gemeldet. Er hat das später so erklärt, dass er Angst hatte, sonst auf ein Himmelfahrtskommando nach Russland zu kommen. Außerdem: Ein bisschen herumkommen in der Welt, das schien ihm nicht das Schlechteste, wo es zu Hause doch zusehends unerfreulicher wurde.
»Vorher« – Pieten legt Wert darauf, dass das klar ist – »hat er aber noch meine Mutter und mich nach Hörnum gebracht«, zu einer entfernten Tante. So kam Pieten nach Sylt, als siebenjähriger Steppke. Vom Krieg hat er nicht viel mitbekommen, ein-, zweimal hörte er es krachen, als die Engländer die von »den Schweinen« errichteten Stellungen bombardierten. Und einmal, das war in Westerland, sah er völlig ausgemergelte polnische Zwangsarbeiter, die bei Schnee und Eis, nur mit zerfetzten Stofflappen an den Füßen, Kohlensäcke schleppen mussten. Es war verboten, so hörte Pieten von den Erwachsenen, denen etwas zu essen zu geben. Seine Mutter erzählte abends zu Hause, eine Bäuerin habe das trotzdem getan und sei dabei beobachtet und angezeigt worden. Die Polizei sei zum Verhör gekommen und habe der Frau und ihrer gesamten Familie die übelsten Strafen angedroht, sollte so etwas noch mal passieren.
Als der Krieg aus war, war Pieten gerade 16, hatte die Volksschule besucht und wollte für sein Leben gern zur See fahren. Sein Vater, der die Katastrophe gottlob unversehrt überstanden hatte, nur kurz in Gefangenschaft war und im Herbst 1947 in Hörnum vor der Tür stand, sagte zu ihm: »Das kannste vergessen. Da wo früher mal die Schiffe ablegten, da ist heute die Hölle.«

Das konnte und wollte Pieten sich aber nicht vorstellen. »Lasst es mich doch versuchen«, bettelte er seine Eltern an, so lange, bis die ihm erlaubten, nach Hamburg zu trampen. »Ob du's glaubst oder nicht«, erzählt Pieten und wischt sich dabei, immer noch bekümmert, über die Glatze, »ich hab' drei Tage lang nur geheult. Dass es sowas gibt, hätte ich nie gedacht.« Er sah Chaos, Ruinen, Bombenkrater; Krüppel ohne Beine, mit Haken, die statt der Hände aus den Manschetten der zerschlissenen Mäntel ragten, mit Gesichtern, in denen nichts als Not und Verzweiflung stand. Er sah Leute, die sich um ein Stück Brot, das auf der Straße lag, halb tot prügelten. Und er sah den Hamburger Hafen, das einstmals stolze Tor zur Welt, von dem sein Vater ihm so viel erzählt und das er auf alten Postkarten bewundert hatte und nun nicht wieder erkannte: zerbombte Schuppen, zerfetzte Kräne, in der Elbe faulende Schiffswracks, Schuttinseln, wo einmal Kais gestanden hatten, die Trümmer der legendären Reedereien und Werften mit den einst klangvollen Namen.
»Mein Vater hatte Recht gehabt«, sagt Pieten und reicht mir die Kornflasche, »da fuhr kein Schiff mehr.«
Zurück nach Sylt. Tagelang sprach Pieten zu Hause kein Wort: »Ging einfach nicht.« Seine Eltern drängten ihn nicht, ließen ihm Zeit. Einmal hörte er, wie sein Vater zum Nachbarn sagte: »Ich glaube, der Junge hat Schlimmeres gesehen als ich im Krieg.« Und da, endlich, am Abendbrottisch, hat er alles erzählt: dem Vater, der Mutter, der Tante. Pieten ist dann drei Jahre in die Lehre gegangen, als Schiffsjunge auf einem Krabbenkutter der Nachbarinsel Amrum. Und 1951 hat er seinen Traum doch noch wahr gemacht, ging auf große Fahrt. »Hamburg wieder zu sehen«, erzählt er, »davor hatte ich immer noch Angst, so weit war ich noch nicht.« Also fuhr er per Anhalter nach Lissabon, klapperte vier, fünf Reedereien ab und bekam sein erstes Schiff, gleich einen Knaller: nach Kapstadt.

Es ist weit nach Mitternacht. Die Buddel ist leer. Am dunklen Himmel sind mattweiße Wolken aufgezogen. »Die Sterne sind wohl schon zu Bett«, sagt Pieten, steigt nach oben und blickt in die Runde. Im Hafen ist alles totenstill. Auch »Willy« scheint längst zu schlafen, der kleine Seehund, der zur Freude aller Kinder im Hörnumer Hafen wohnt und sich tagsüber munter zwischen den Schiffen tummelt.
Pieten kommt wieder runter und murmelt, fast entschuldigend: »Jaja, die alten Zeiten. Hoffentlich hab' ich nicht zu viel gesabbelt. Kannst übrigens hier pennen, Auto gefahren wird jetzt nicht mehr, dass das klar ist.«
Er legt sich auf seine Koje, verschränkt die Arme hinter dem Kopf, blickt wieder nach oben, in den Nachthimmel, und sagt: »Meine Liese schläft bestimmt schon.« Dann ist auch er eingeschlafen.

Hamburger Aalsuppe

Für 6 Personen:
1 Schinkenknochen vom Katenschinken (1,5 kg)
250 g Backobst
250 g Karotten
1 Sellerieknolle
2 Stangen Lauch
250 g ausgepalte Erbsen
1 EL Butter
2 EL Mehl
2 EL Essig
1 EL Zucker
Salz
500 g frischer Aal
1 Bund Petersilie

Den Schinkenknochen in einem Topf mit etwa 3 l Wasser zum Kochen bringen und etwa 1 Stunde kochen lassen. Das Backobst in etwas Wasser einweichen. Karotten und Sellerie schälen, Lauch putzen und waschen. Karotten und Sellerie in Würfel, Lauch in Ringe schneiden. Alle Gemüsesorten in die Brühe geben. Den Knochen herausnehmen, das Fleisch ablösen und wieder in die Brühe geben. Backobst mit dem Einweichwasser ebenfalls dazugeben. Aus der Butter und dem Mehl einen glatten Kloß kneten, in die Brühe geben und unter Rühren binden. Mit Essig, Zucker und Salz abschmecken. Den Aal häuten und in mundgerechte Stücke teilen. In die Suppe geben. Petersilie waschen, trockenschütteln und hacken. Ebenfalls dazugeben und alles 20 Minuten ziehen lassen. Wer die Suppe sämiger mag, rührt noch Mehlklößchen unter.

Der Organist, der in die Kälte kam

Wenn eine Kirche so sein kann, wie man sich den vorstellt, für den sie erbaut wurde, dann ist dies St. Severin in Keitum, weithin sichtbar auf einer Geestkuppe thronend. Sie ist immer da, egal, ob man ganz nah ist oder weit weg. Wer sich zwischen den Friesenhäusern oder hinter den steinernen Wällen der historischen Gehöfte von Keitum versteckt, den beobachtet sie. Im Frühsommer steht sie drohend hinter endlos langen leuchtend gelben Rapsfeldern, als wollte sie vor allzu viel Übermut warnen. Wenn man oben in List oder tief unten in Hörnum den Dünenkamm erklimmt, fällt der Blick auf sie. Seefahrer haben sich jahrhundertelang bekreuzigt, wenn sie in den Mast stiegen und ihrer Silhouette gewahr wurden. Sie grüßt, sie lockt, sie weist die Richtung, sie fordert Respekt. Sie ist Stätte der Erleuchtung, der Erbauung und der inneren Einkehr, aber auch Rächerin: Anno 1793 riss ihre Glocke aus der Halterung und erschlug einen zu wild läutenden Jüngling. In ihrem Turm schmachteten bis 1803 weltlicher Vergehen überführte Gefangene.

Doch je näher man kommt, desto mehr verliert das wuchtige, gedrungene, im frühen 13. Jahrhundert erbaute Gotteshaus – dessen charakteristischer gotischer Turm, Wahrzeichen der Insel, erst Mitte des 15. Jahrhunderts errichtet wurde – seine kühle, abweisende symbolhafte Strenge. Eine Predigt in St. Severin, so erzählen die Menschen, die Gottesdienste besuchen, flöße keine Furcht ein, sondern mache, im Gegenteil, heiter und unbeschwert. Ja, es soll vorkommen, dass, wenn der Hirte von der Kanzel spricht, seine Schäfchen im Gestühl ein befreiendes Lachen befällt. Der liebe Gott kann zufrieden sein mit seiner berühmten Sylter Gemeinde.

Der Andrang ist groß, nicht nur am Sonntagvormittag, wenn sein Wort verkündet wird. Nach St. Severin drängt es Menschen von überall her, auch um zu heiraten, Kinder taufen zu lassen, um begraben zu werden.

Und um Musik zu hören. Die »Abendkonzerte bei Kerzenschein« haben die Keitumer Kirche über den Kreis der Gläubigen hinaus berühmt gemacht.

St. Severin, das ist heute auch eine Kultstätte der geistlichen Musik. Dies verdankt die Gemeinde ihrem so genialen wie schillernden Organisten Matthias Eisenberg. Wenn er vor Konzertbeginn auf die Empore tritt und einen neugierigen Blick auf das Publikum wirft, könnte man annehmen, sich in ein Rockkonzert verirrt zu haben. Der Mann sieht anders aus, als man sich einen typischen deutschen Kirchenmusiker vorstellt: eine Mischung aus Hippie und Bohemien, wohlgenährt, die dunklen Haare in der Stirn zu einem kurzen Fransenpony geschnippelt, über Ohren und Kragen dagegen lang abfallend. Die Frisur des Organisten ist, hierin dem Sylter Wetter nicht unähnlich, einem beständigen Wechsel unterworfen. Er hat auch schon schulterlang und vorne bis über die Augen getragen, dann wieder die blondgelbe Variante eines Beatles-Pilzkopfes bevorzugt. Kein Wunder, dass er den Leuten von Keitum nicht ganz geheuer war, als er 1992 seinen Dienst in der vornehmen Gemeinde antrat. Schließlich kam er ja auch noch aus dem Osten.

Heute sind sie stolz auf ihn. Der ehemalige Gewandhausorganist und Cembalist im Leipziger Bachorchester, im Juni 2003 zum Professor ehrenhalber ernannt, genießt nicht nur auf Sylt, nicht nur in Deutschland einen hervorragenden künstlerischen Ruf. Er gibt Konzerte in aller Welt. Seine CD-Einspielungen werden gerühmt. Nach der

Aufnahme fast des gesamten Bach'schen Orgelwerkes bescheinigte ihm die *FAZ* »fulminantes Temperament, überragendes technisches Können und stupende Spielsicherheit«. Die Konzerte in St. Severin, die er gibt oder mit erstklassigen Gastmusikern veranstaltet, sind mittlerweile legendär und immer bis zum letzten Platz gefüllt.

Im Jahre vier nach der Wiedervereinigung war ich zum ersten Mal in einem Eisenberg'schen Mittwochabendkonzert, woran ich mich besonders gut erinnere, weil ich mit nach oben durfte, um den Künstler aus nächster Nähe zu beobachten. Nur noch zwei weitere Gäste passten auf die schmale Empore: ein musikkundiger Zivi, der in der Gemeinde seinen Ersatzdienst ableistete, zum Notenumblättern, und eine Urlauberin aus Leipzig.

Während des gesamten Konzertes ließ die Frau Matthias Eisenberg nicht aus den Augen. Sie starrte ihn unverwandt an, verfolgte hingerissen jede seiner Bewegungen. Dann war Schluss, aber sie blieb noch eine Weile sitzen, wie in Trance, trat dann auf den Organisten zu, schüttelte ihm ergriffen die Hand. »Ich kenne Sie von früher«, hauchte sie, »vom Gewandhaus. Ich danke Ihnen für diesen Abend.«

Am anderen Tag trafen wir uns in seiner Dienstwohnung im Souterrain eines kleinen, einstöckigen Hauses am Ortseingang von Keitum. Für eine Zeitung sollte ich ein Porträt schreiben. Sein Junggesellen-Domizil, notierte ich damals, könnte als Wohnmuseum der Nachkriegszeit durchgehen: Teppiche aus den 50er Jahren, ein schönes schwarzes Ledersofa aus den 60ern, das Kassettendeck aus den Seventies, die CD-Anlage im Stil der 80er – und im Schrank das Symbol der 90er Jahre: die eigene Stasi-Akte. In stillen Stunden, so berichtete er, arbeite er sie allein auf. Mitten im Wohnzimmer sein bestes Stück: das Cembalo.

Er stammt aus Elstra, einer Kleinstadt bei Kamenz. Ein Musik liebendes und christliches Elternhaus hat ihn geprägt. Mit 16 kam er in Leipzig auf die Musikhochschule, mit 22 machte er sein Staatsexamen. Er wurde als eine Art Genie gefeiert, und eine zunächst strahlende Karriere nahm ihren Lauf. 1980, bei der Neueröffnung des Leipziger Gewandhauses, übernahm er unter Kurt Masur das Amt des Organisten. Er durfte reisen, gastierte in den USA, bekam glänzende Kritiken. Irgendwann dann der Verdacht, der sich zur Erkenntnis verdichtete: abgehört, überwacht zu werden. Misstrauen und Vorsicht waren auf einmal gefragt. Man legte die Worte auf die Goldwaage: Saß da vielleicht ein Judas im Orchester?

»Damals«, so erzählte der Organist, »lernte man zu telefonieren. Wenn wir über jemanden sprachen, wurde nicht dessen Name genannt, sondern wir sagten: ›Der weiße Fleck‹. – ›Der weiße Fleck hat gestern das und das gemacht.‹ – ›Der weiße Fleck fährt nächste Woche an die Ostsee.‹« In seiner Stasi-Akte habe er die an den Rand der Abhörprotokolle gekritzelten Spekulationen seiner Überwacher gelesen: »Wer oder was verbirgt sich hinter dem ›weißen Fleck‹?«

1986, nach einer Konzerttournee durch »die BRD« (er benutzte tatsächlich noch die im Osten geläufige Abkürzung), blieb Matthias Eisenberg in Bad Homburg. »Die Kollegen hatten sich schon gewundert, weshalb ich einen so großen Koffer dabeihatte.« Vorher hatte er dafür gesorgt, dass seine Eltern wohlbehalten nach draußen kamen. Ein paar Jahre schlug er sich mit diversen Orgel- und Lehrerjobs durch, erst in Hessen, dann in Niedersachsen. 1992 dann das Angebot von der Keitumer Kirchengemeinde. Ein Full-Time-Job: Gottesdienste, Trauungen, Geburten, Beerdigungen, dazu die wöchentlichen Konzerte. Die Leitung des Kirchenchores wurde ihm übertragen, und es begann die Arbeit an einem Projekt, dessen Verwirklichung fast sieben Jahre dauern sollte: eine neue Orgel.

Die alte Keitumer Orgel, die erste auf der Insel, war 1787 von einem Tinnumer Kapitän gestiftet worden. Durch ständiges Umbauen und Erweitern hatte sich das Instrument abgenutzt. Ein mittelmäßiger Klangkörper, wie Eisenberg bei seinem Dienstantritt feststellen musste. Mit Unterstützung der Gemeinde rief er dazu auf, für eine neue Orgel zu sammeln und zu spenden.

Ende 1995 waren schon ein paar hunderttausend Mark zusammengekommen, als ein wahrer Geldregen niederging: Ein ungenannter Spender, der in St. Severin unter Eisenberg'scher Orgelbegleitung geheiratet hatte, gab eine Million Mark. So nahm die neue Orgel, in der süddeutschen Orgelbauer-Werkstatt von Konrad Mühleisen in Auftrag gegeben, allmählich Gestalt an. Am 1. Advent 1999 wurde sie eingeweiht.

Doch so weit war es noch lange nicht, als ich bei ihm zu Besuch war. Eine neue Orgel, das war 1994 nur wenig mehr als ein Traum.

Mitten in unserem Interview platzte es aus Matthias Eisenberg heraus: Er sei nicht glücklich auf Sylt. Aus heiterem Himmel eine Art Geständnis, so unvermittelt, dass ich erschrak. »Das Leben«, sagte er, »macht mir keinen Spaß mehr. Ich habe resigniert.«

Von der »Kultivierung des Mittelmaßes im Westen« sprach er. Man stänkere gegen ihn, weil er angeblich seinen Vorgänger vertrieben habe. Dabei sei der ganz normal in Rente gegangen. Eine eigene Meinung sei auch im Westen nicht gefragt. Man müsse vorsichtig in Gesprächen sein und statt eines Namens besser wieder sagen »der weiße Fleck«. Auch hier im angeblich so freien Land stehe man »permanent unter Bewachung«.

Wir traten vor die Tür, in sein Gärtchen. Es war ein lauer, schöner Frühlingsabend. Weit hinten, über den Dünen von Rantum, hing glutrot die untergehende Sonne. In den Frieden des Abends hinein sprach Eisenberg weitere bittere Worte: »Was soll ich denn hier? Ich bin doch nur ein sozialistisches Funktionärsarschloch.«

Mit diesem unfeinen Etikett, so erzählte er, habe der Fernsehmann Wolfgang Menge ihn in einem ZDF-Bericht über Sylt verunglimpft. Ich konnte mir vorstellen, dass es wehgetan hatte. Die Vorgeschichte: Bei der Planung des Beitrags hatte Menge, der seit Jahrzehnten ein Ferienhaus im Nachbarort Braderup besitzt und in einschlägigen Veröffentlichungen gern als Sylter »Promi« bemüht wird, bei der Kirchenleitung angefragt, ob er in St. Severin erstens drehen und ob zweitens sein Sohn dazu die Orgel spielen dürfe. Darauf hatte ihm Pastor Giesen geantwortet, in einem Filmbeitrag über die Keitumer Kirche müsse auch ihr festangestellter Organist spielen. Handele der Bericht aber von Wolfgang Menges Sohn, dürfe der sich natürlich herzlich gern an die Keitumer Orgel setzen. Menge, nicht gewohnt, dass man ihm etwas abschlägt, muss getobt haben – um seine Wut dann via Bildschirm an Eisenberg auszulassen.

»Dann bin ich eben ein sozialistisches Funktionärsarschloch«, sagte Eisenberg, nicht ohne eine Spur Koketterie, und lachte schon wieder, immerhin. »Manchmal«, fuhr er fort, »wenn man sieht, wie hier einige Leute ohne zu arbeiten das Geld scheffeln, ist es vielleicht gar nicht so schlecht, dass man mal Marxist gelernt hat. Dann sieht man einiges klarer.«

Später fuhren wir gemeinsam nach List, um noch ein Bier zu trinken. Unterwegs schaute er nach rechts aus dem Fenster, über das Wattenmeer in Richtung seiner Arbeitsstätte St. Severin, seufzte aus tiefstem Herzen und gab zu Protokoll: »Ich habe Heimweh nach Sachsen.«

Leipziger Allerlei

Für 4 Personen:
1 Blumenkohl (etwa 300 g)
Salz
$^1/_2$ l Milch
200 g Prinzessbohnen oder Erbsen
200 g Karotten
200 g Morcheln
200 g Spargel
200 g Butter
frischer weißer Pfeffer
60 g Krebsbutter
1 EL Zucker
Petersilie zum Garnieren
Krebsschwänze (nach Belieben)

Den Blumenkohl putzen, in kleine Röschen zerteilen und in Salzwasser legen. Die Milch dazugießen, das Ganze aufkochen lassen und etwa 10 Minuten bei geringer Hitze garen. Die Bohnen, Karotten, Morcheln und den Spargel putzen und waschen. Die Morcheln kurz überbrühen, die Bohnen und den Spargel in Stücke, die Morcheln und Karotten in feine Scheiben schneiden.
Die Morchelscheiben in einem Viertel der Butter mit Salz und Pfeffer andünsten. Die Karotten in Salzwasser mit dem Zucker garen, Bohnen und Spargel separat in Salzwasser etwa 10 Minuten garen. Das Gemüse soll noch bissfest sein.
Die Bohnen, den Spargel und die Karotten abgießen. Die restliche Butter schmelzen lassen und salzen. Das Gemüse bis auf die Morcheln darin schwenken. Das Ganze auf einer Platte anrichten. Die Morcheln darauf legen. Die Krebsbutter zerlas-

sen und das Gemüse damit übergießen. Das Ganze mit Petersilie garnieren.

Nach Geschmack zum Leipziger Allerlei Krebsschwänze reichen. Flusskrebse garen, die Krebsschwänze abtrennen, aus den Schalen lösen und auf dem Gemüse anrichten.

Vor Gosch sind alle gleich

Der Lister Hafen, mit seinen bunten Buden, Imbissständen und Kiosken, mit Kettenkarussell und Minigolfanlage einem Jahrmarkt nicht unähnlich, ist das Revier des wohl ausgeschlafensten und schillerndsten Sylter Geschäftsmannes der jüngeren Zeitrechnung, des Fischhändlers Jürgen Gosch. Sein Erfolg bringt viele Geschäftsleute der Insel vor lauter Neid und Missgunst um den Schlaf. Goschs Lebenslauf, der viel mit Glück, unternehmerischer Fantasie und Fleiß zu tun hat, ist die Geschichte »Vom Tellerwäscher zum Millionär«.

Jürgen Gosch, Jahrgang 1941, ist »vom Festland«: aus Tönning an der Westküste. Der gelernte Maurer bekam Jobs auf Westerländer Baustellen. Ab 1970 verkaufte er, wenn er frei hatte, Aale, Krabben und Heringe am Strand der Inselhauptstadt. Wie jeder Besucher des Hamburger Fischmarktes weiß, wird ein erfolgreicher ambulanter Fischverkäufer nicht nur an der Qualität seiner Ware, sondern auch an der seines verbalen Auftritts gemessen. Gosch, so stellte sich schnell heraus, war diesbezüglich ein Naturtalent, mit einem durchdringenden kehligen Organ, Schlagfertigkeit und einem nie versiegenden Reservoir an originellen, drolligen Sprüchen gesegnet. Bald machte er sich selbständig und bot seine Ware vom Wagen an. 1973 wurde er mit einer Fischbude in List sesshaft.

Der nördlichste Hafen Deutschlands, von dem aus man an klaren Tagen die dänische Nachbarinsel Röm sehen kann, war bis dahin, was Gastronomie und Entertainment betrifft, Brachland gewesen. Tagsüber brachten der Autofährbetrieb von und nach Röms Hafen Havneby, die Abfahrt und Ankunft der Ausflugsschiffe zu und von den Seehundsbänken im Wattenmeer, das gelegentliche Ausrücken des Seenotrettungskreuzers etwas Leben zwischen die Molen. Hoch her ging es allenfalls abends in der Hafenbar »Knurrhahn«, wo dem Vernehmen nach der »Seeteufel« Felix Graf Luckner noch im fortgeschrittenen Alter zu nächtlicher Stunde das Hamburger Telefonbuch mit bloßen Händen zerrissen hatte, um eine Kostprobe seiner legendären Kräfte zu geben. Bis heute hat mir allerdings niemand erklären können, wie die vielen Hamburger Telefonbücher in »Deutschlands nördlichste Hafenbar« gelangten.

Jedenfalls stellte Gosch hier seine erste Bude hin. Gleich nebenan stand noch eine. Die gehörte dem Lister Fischer Franz Mai, einem wettergegerbten Fahrensmann, der den dänischen Behörden ein paarmal unangenehm aufgefallen war, weil er in ihren Hoheitsgewässern fischte. Beide, Gosch und Mai, boten beste Ware an, hielten sich preislich gegenseitig in Schach. Persönlich waren sie einander nicht besonders zugetan. Wenn sie abends im »Knurrhahn« noch einen trinken gingen, schaute jeder dabei in die andere Richtung. Pech für Mai, der eher in die Kategorie »Wortkarger Friese« fiel, dass Gosch witziger war: Der zeichnete sein Krabbenbrot mit Spiegelei als »Liebesteller« aus und brachte ein Schild an mit der Inschrift »Wer keinen Fisch mag, bekommt bei mir auch ein Marmeladenbrötchen«.

Dann erschien eines Tages im *Feinschmecker* oder in *Essen und Trinken* ein kleiner Artikel, kaum mehr als eine Meldung, über die neue ausgezeichnete Fischverköstigung am Lister Hafen. Vielleicht acht, neun Sätze, von denen einer es in sich hatte: »Nehmen Sie den linken Kiosk, der ist besser.« Ein paar Tage nach dem Erscheinen hing der Artikel vergrößert, der alles entscheidende Satz rot unterstrichen, an Goschs Holzwand. Dort hing er so lange, bis Franz Mai endgültig das Handtuch geworfen und seinen Stand an Gosch verkauft hatte.

Gosch wurde zur Kultfigur. Er eröffnete, nicht weit weg, in Hafennähe, ein weiteres Restaurant, das nach einer ähnlich originellen Methode funktionierte wie die Bude: Der Gast bestellt am Tresen ein Gericht, bezahlt vorab, bekommt eine Nummer, kauft sich sein Getränk, sucht sich ein Plätzchen. Wenn das Essen fertig ist, brüllt in der Bude der Verkäufer so laut und so oft die Nummer, bis auch der schwerhörigste Kunde zusammenfährt und freudig erregt seinen Teller abholt; im Restaurant wird das bestellte Gericht an den Tisch gebracht.

Die Erfolgsstory ging weiter; sie geht bis heute weiter, immer weiter, seit dreißig Jahren ein Aufschwung ohne Ende, selbst von vorübergehenden Tiefschlägen nicht zu stoppen. Den Namen Gosch kennt man inzwischen in ganz Deutschland. Er organisierte einen Versand, gründete Filialen in Westerland, in Wenningstedt, im Hamburger Hauptbahnhof, am Kurfürstendamm in Berlin, in Bremen, Hannover und Stuttgart. Eine große Produktions- und Vertriebsstätte in Ellingstedt (Kreis Schleswig-Flensburg) beliefert alle seine Restaurants.

Von der Gemeinde List, die ihm ob der immer kräftiger sprudelnden Gewerbesteuer die Füße küsste, erwarb er die große Bootshalle am Hafen, gleich neben dem Stammsitz. Das war sein größter Coup, und das Geschäft dort gedieh so prächtig, dass er bei der Gelegenheit auch gleich noch die Besitzerin des »Knurrhahns« … nun ja, die Lister sagen: »weggebissen« hat. Die Summe, die er dafür bezahlte, soll aber »anständig« gewesen sein.

Goschs Angebot ist nach wie vor erstklassig und zieht in der Hauptsaison täglich mehrere tausend hungrige, durstige und gesellige Gäste an. Einträchtig sitzen sie auf den Bierbänken, Schulter an Schulter, wenn die Sonne scheint, auch draußen auf dem Vorplatz: Großindustrielle und Angestellte, Kampener Möchtegern-Playboys, urlaubende Fernsehprominenz, ganz normale Feriengäste und

in List stationierte Soldaten. Vor Gosch sind alle gleich. Alle schwatzen durcheinander. Aus den Lautsprechern erklingt Musik, immer wieder die gleiche, kein Rap, kein Techno und anderer »moderner Kram«, sondern das Liedgut der Küste: »Rolling Home«, »Hamburger Veermaster«, »Auf der Reeperbahn nachts um halb eins«, »Seemann, deine Heimat ist das Meer«, »Junge, komm bald wieder«. Wenn, was auch vorkommt, über die Stränge geschlagen wird, dann mit Fats Domino und Elvis Presley.
Bis vor wenigen Jahren trug der jeglichen Gesangtalentes unverdächtige Chef, wenn er in Fahrt kam und seinen treuen Kunden die Ehre geben wollte, noch selber Schunkellieder zur Playback-Kassette vor, so seinen Hit »Ein Matjes passt in jedes Portemonnaie«. Doch das ist, Neptun sei Dank, vorbei.
Vorbei auch zwei, drei etwas unangenehme Affären, auf die der Sänger einer Hamburger Band, die in der Bootshalle auftrat, mit folgender Ansage Bezug nahm: »Als nächstes Lied spielen wir für Jürgen das Lied ›Du Schwarzgeld-Zigeuner‹.« Angespielt wurde damit unter dem Gelächter des Publikums, ohne dass der »Geehrte« eine Miene verzog, auf seine damals inselbekannten Probleme mit billigen Arbeitskräften und dem Fiskus. 1997 wollte ein Ganove, der um Goschs wunde Stelle wusste, ihn erpressen. Gosch aber schlug zurück, zeigte den Erpresser an, der auch verurteilt wurde, und entging unangenehmen Konsequenzen mit einer Selbstanzeige beim Finanzamt. Millionen, so hieß es, sollte er an der Steuerbehörde vorbei nach Luxemburg transferiert haben – und am Tag, als die Angelegenheit in der *Sylter Rundschau* stand, da griff Jürgen Gosch in seiner Bootshalle zum Mikrofon, stieg auf einen Stuhl, gab zerknirscht zu, Mist gebaut zu haben, bedankte sich bei seiner Kundschaft für das Vertrauen und forderte sie auf, in Zukunft noch mehr Fisch zu essen, damit das Geld, das er nun zurückzahlen müsse, möglichst schnell wieder reinkomme.

Ein anderer, für ihn verdrießlicher Zwischenfall war die Causa Stuckrad-Barre. Der bekannte Jungschriftsteller hatte sich bei Gosch als Aushilfskraft anstellen lassen. Undercover. Niemand wusste, dass er eine Reportage für die *Welt am Sonntag* im Schilde führte. Nachdem Gosch ihn irgendwann wegen einer Auseinandersetzung gefeuert hatte, erschien die Story mit allerhand unangenehmen Details über nicht gerade schmeichelhafte hygienische und soziale Zustände hinter den Kulissen der Hafenherrlichkeit.

Überstanden hat Jürgen Gosch auch das. Er scheint unangreifbar zu sein. Aber man übersieht dabei, dass die Aura der Immunität, die ihn umgibt, nicht nur auf vergangenen Erfolgen beruht, auf denen sich behaglich ausruhen lässt. Ein Gosch, das muss man ihm lassen, erfindet sich und die Welt, die er geschaffen, täglich neu. Das schließt Lernprozesse ein, auch unangenehme.

Längst könnte der Multimillionär, Herr über ein weitverzweigtes Imperium von fast 20 Geschäften und 300 Mitarbeitern, Ehemann und Familienvater, dem Rentenalter entgegenstrebend, sich nach Florida oder sonstwohin zurückziehen, könnte auf einem schnittigen Offshore-Racing-Boat oder in den vornehmsten Hotelbars dieser Welt Champagner schlürfen, in den Casinos den Croupiers großzügige Trinkgelder in den Tronc stecken.

Könnte.

Stattdessen strebt dieser Mann mit dem zerknautschten Gesicht, den zusammengekniffenen hellwachen Augen und dem inzwischen eisgrauen Seemannsbart immer noch täglich über sein Lister Areal, wo alles einmal anfing. In weißer Dienstkleidung, Wischtuch über der Schulter. Die anderen Futterstellen in seinem Reich scheinen ihn persönlich nicht sonderlich zu interessieren. Unermüdlich beobachtet er, ob die Gäste zufrieden, nein: glücklich sind. Nichts entgeht ihm. Man sieht es ihm an, wie er ununterbrochen darüber nachdenkt, was man noch besser machen kann. Er schäkert mit Kundinnen, vor allem denen ohne männliche Begleitung, klönt mit Gästen und Lister Einheimischen, die bei ihm bechern, bechert manchmal mit und hört zu, was man sich so erzählt: im Dorf, auf der Insel, in Deutschland, auf der Welt. Irgendeine gute Idee kommt immer dabei rüber.

Spaghetti und schwarze Nudeln mit Miesmuscheln

Für 4 Personen:
1,5–2 kg frische Miesmuscheln
1/8 l Weißwein
400 g Spaghetti und schwarze Nudeln (z. B. Tagliatelle)
Salz
1 Knoblauchzehe
3 EL Olivenöl
Pfeffer

Miesmuscheln unter fließendem kaltem Wasser gründlich abbürsten. Weißwein in einen Topf geben, erhitzen und die Muscheln darin dünsten, bis sie sich öffnen. Nicht geöffnete Muscheln entfernen. Spaghetti und schwarze Nudeln in Salzwasser al dente kochen. Knoblauchzehe schälen, klein schneiden und im Olivenöl dünsten. Nudeln dazugeben, im Öl schwenken und mit Salz und Pfeffer würzen. Miesmuscheln in der Schale auf den Nudeln anrichten.

Rezept von Jürgen Gosch

Westwind-Boogie

Jochen und ich liegen am Westerländer Strand im warmen Sand und reden über das Klavierspielen, sein Metier. Bohnsack heißt er mit Nachnamen, und sein Künstlervorname ist Jo. Er ist Boogie-Woogie- und Blues-Pianist, auch -Sänger, geboren und aufgewachsen in Westerland. Seine linke Hand ist präzise wie Ebbe und Flut, die rechte stürmisch wie der Westwind, die Stimme mit Salzwasser gegurgelt. Konzertreisen haben ihn nach Mexiko, Indonesien und quer durch Europa geführt. Sein künstlerisches Wohnzimmer in Hamburg ist der »Cotton Club« beim Großneumarkt. Doch bei allem Erfolg in der großen weiten Welt, er kommt immer wieder nach Sylt zurück, spielt und singt im alten Westerländer Kursaal, in der »Rantum-Quelle«, dann wieder auf einem Frühschoppen in Hörnum, einem Firmenjubiläum in Tinnum, einem Kochwettbewerb in List. Ein begehrter Künstler mit Entertainer-Qualitäten und Lausbubencharme, dem die Kurgäste, vor allem die weiblichen, zu Füßen liegen. Und dem die Einheimischen dankbar sind, dass er die Insel nicht vergessen hat, sich für nichts zu schade ist und nicht wie ein arroganter Schnösel, der es auf dem Festland zu etwas gebracht hat, über die Friedrichstraße stolziert.
Wir sind gerade noch einmal seinen Auftritt vom Vorabend durchgegangen. Jochen hatte seinen Hamburger Kollegen Gottfried Böttger zu einem gemeinsamen Konzert eingeladen. Gottfried ist eine Generation älter als er, hat früher wilde Jahre im »Panikorchester« von Udo Lindenberg verbracht, sich später bundesweit einen Namen als Hauspianist der Fernsehsendung *III nach 9* gemacht. Im

Hauptberuf ist er heute Professor für Informatik, im Vorstand der GEMA sitzt er auch noch. Ein gestandener würdiger Herr, so wirkt Gottfried inzwischen, aber sobald er sich an den Flügel setzt, sind da immer noch unglaubliche Virtuosität und das gesamte Spektrum vom Jazz über Ragtime, Blues und Boogie Woogie.

Das Konzert war ein voller Erfolg. An zwei Flügeln haben sie gespielt, und meine Befürchtung, dass der große Gottfried den Sylter platt walzt, war gegenstandslos. Im Gegenteil: Sie ergänzten sich prächtig. Dem Böttger'schen enzyklopädischen Genius stellte Jo Bohnsack eigenes authentisches Feeling, Spielwitz und Temperament, seinen spontanen Humor und, last not least, seine raue Blues-Stimme entgegen. Obwohl sie vorher kaum zusammen geübt hatten, funktionierte ihre Abstimmung auf Anhieb, und schlafwandlerisch sicher bewegten sie sich im großen Blues-Songbook.

Wir drehen uns beide auf den Bauch, qualmen und schauen einer vorbeischreitenden Bikini-Schönheit hinterher.

»Hey baby«, ruft Jochen.

Normalerweise hören Mädchen auf diesem Ohr schlecht. Zieht nicht mehr unbedingt. Hat, streng genommen, noch nie gezogen außer im Kino. Doch dieses Geschöpf hier, langbeinig, rotblonde Haare bis über die Schulterblätter, kaum älter als 18, bleibt tatsächlich stehen, kommt zurück und strahlt.

»Hallo, Jo. War gestern auf deinem Konzert im Kursaal. Echt super. Spitzenklasse.«

»Danke«, sagt Jochen, freudig erregt, »ich hab' dich übrigens gesehen, von der Bühne aus.«

»Du hast mich gesehen?«, fragt sie ungläubig und schmilzt dahin, »ehrlich?«

»Ja, ehrlich, ganz genau gesehen. Du warst mit noch einer Superfrau da, dritte oder vierte Reihe.«

Die Hübsche im Bikini ist vollkommen geplättet. »Stimmt,

das war meine Mutter. Die liegt dahinten, vor der Düne, schau mal!«
Jochen blickt in die angegebene Richtung, sieht die Frau Mama in der Sonne braten und äußert sich anerkennend: »Guter Typ, deine Mutter. Seid ihr morgen auch hier? Dann bringe ich euch eine CD von mir mit. Oder, noch besser: zwei, die aktuelle und die davor, und ihr braucht nur eine zu bezahlen.«
Das Mädchen ist hin und weg. »Ist ja super«, ruft sie und läuft euphorisch zu ihrer Mutter, um ihr von der Begegnung zu erzählen. Vorher hat sie noch berichtet, dass sie Marion heißt und in Braunschweig aufs Gymnasium geht. Und gefragt, ob Jochen sich vielleicht ihre Handynummer aufschreiben will. Er hat aber nichts zu schreiben mit und selber auch sowieso gar kein Handy. So gestattet er gönnerhaft, dass sie ihn zu Hause anrufen darf: »Meine Eltern stehen im Telefonbuch.«
Triumphierend schaut Jo ihr hinterher, stolz auf seine Eroberung, für die er nicht mal aufstehen musste. Ich geize nicht mit Anerkennung und Lob. Die Strandgeräusche, die Stimmen der Kinder, ab und zu das Bellen eines Hundes, der hier eigentlich gar keine Aufenthaltsberechtigung hat, das zarte Plätschern des Meeres, das heute ausgesprochen friedliche Konzert der Möwen – eine wohlige Müdigkeit greift nach mir, und kurz bevor ich wegdöse, muss ich daran denken, wie ich Jochen kennen gelernt habe.
Während meiner Schulzeit auf dem Westerländer Gymnasium hatte ich einen Deutsch- und Geschichtslehrer namens Bohnsack. Herr Bohnsack. Er war eine Ausnahmefigur im Lehrkörper. Kein Rebell, das nicht, aber er hatte, was uns trotz gelegentlicher Schikanen (einmal ließ er uns über Weihnachten Schillers »Glocke« auswendig lernen) angenehm auffiel, einen unabhängigen Kopf. Er konnte albern sein, eine bei einem Pädagogen höchst seltene Eigenschaft, er war kameradschaftlich. Er diskutierte mit uns

über Filme, die in den Westerländer Kinos liefen. Der vom Kultusministerium vorgeschriebene Lehrplan schien ihm manchmal völlig Wurscht zu sein. Man konnte ihn offen kritisieren, was zu der Zeit (wir befinden uns vor der 68er-Revolution, die dann auf Sylt übrigens kein Thema war) die meisten anderen Lehrer noch als Sakrileg empfanden. Auf Kritik von seinen Schülern ging er intensiv ein, bevor er sie als verfehlt zerpflückte.

Als ich mich am Ende meiner Schulzeit in Westerland von Herrn Bohnsack verabschiedete (wir zogen nach Hamburg, wo ich Abitur machte), hieb er mir freundlich auf die Schulter und gab mir ein paar Tipps für mein neues Leben in der Hansestadt mit auf den Weg. Dann sah ich ihn nicht mehr wieder.

29 Jahre später sind wir in München-Bogenhausen zu einem Geburtstagsfest eingeladen. Wir kommen etwas zu spät. Als wir aus dem Auto aussteigen, spüren wir die Erde beben. Es ist, als ob wir in New Orleans über die Bourbon Street gehen. Drinnen hämmert einer auf dem Klavier, dass man annehmen muss, der legendäre Albert Ammons ist wieder auferstanden, und röhrt sich dazu die Seele aus dem Leib wie Ray Charles:

»See the girl with the diamond ring!
She knows how to shake that thing.«

Das ruhige vornehme Viertel erzittert in seinen Grundfesten. Wir betreten die Villa. Im Salon sitzt ein gut aussehender Kerl vor dem Klavier, noch keine 30, Typ Charming Boy, aber mit tiefen Ringen unter den Augen, was, wie wir später erfahren, am Jetlag liegt. Er ist ein paar Stunden zuvor aus Amerika gekommen. Das Geburtstagspublikum hat er bereits in die Vorstufe der Ekstase getrieben. Und gerade macht er sich über den Louis-Jordan-Klassiker »Let The Good Times Roll« her:

»Hey everybody!
Jo Bohnsack's in town.

I don't care if you young or old,
Let's get together and let the good times roll!«
Bohnsack? Ob der eventuell ...?
Pause. Er steht am Klavier und bekommt ein Glas Champagner gereicht, das er wegkippt wie ein Pils. Ich tippe ihm auf die Schulter: »Du bist nicht zufällig verwandt mit einem Sylter Lehrer namens Bohnsack?«
»Doch«, antwortet er und strahlt über das ganze Gesicht, »das ist mein Vater.«
Drei Wochen später, zu Silvester, waren wir auf Sylt. Unser neuer Freund Jo spielte im Kampener »Dorfkrug«. Dort hatten wir uns verabredet. Er zog uns in eine Ecke und musste mir, so laut war es in der Kneipe, ins Ohr brüllen, was er zu sagen hatte: »Übermorgen nachmittag bei meinen Eltern zum Kaffeetrinken.«
Ich will über diesen 2. Januar 1990 den Mantel des Schweigens breiten. Nur so viel: Hätte mir früher jemand vorausgesagt, dass unser Deutschlehrer, Herr Bohnsack, dereinst am hellichten Nachmittag zehnmal in den Keller gehen wird, um eine neue Flasche Weißwein zu holen, weil das Wiedersehen mit einem ehemaligen Schüler begossen sein will, ich hätte die »Glocke« nicht auswendig gelernt.

Langsam komme ich wieder zu mir, hier am Westerländer Strand, und blinzle in die Sonne. Jochen hat Kopfhörer übergestülpt und hört eine CD von Albert King. Er singt mit, improvisiert dazu, lässt sein heiseres Organ aufheulen, intoniert die Gitarrenlicks auch gleich mit, und in die Pausen setzt er, boom bedoom boom, dum di doo bab, auch noch kontrapunktische Basstupfer. Die Strandläufer und Ballspieler im näheren Umkreis, die Schwimmer, die ins Wasser gehen wollten, sie sind alle stehen geblieben und lauschen gebannt der A-capella-Darbietung (als die sie von den Zuhörern, die ja die Musik auf der CD nicht hören können, empfunden wird).

Stehender Applaus. Jochen sagt danke in die Runde und: »Kiss my socks«, obwohl er gar keine anhat. Es ist einer von seinen Blues-Ghetto-Sprüchen. Die meisten hat er von seinem inzwischen verstorbenen Freund und Lehrmeister »Champion« Jack Dupree aufgeschnappt, dem weltbekannten amerikanischen Rhythm-&-Blues-Veteranen, der seine letzten Lebensjahrzehnte vorwiegend in Europa verbrachte.

Jochen und er gaben einmal gemeinsam ein Konzert im Alten Kursaal, ein Abend, den man nicht vergessen wird. Noch stärker aber hat sich mir eingeprägt, wie wir am Nachmittag vor dem Auftritt bei Jos Eltern zum Kaffeetrinken waren. Der Champion, 82 Jahre alt, wohnte im Gästezimmer, an die Kaffeetafel hatte er sich in einem schrillen knallbunten Voodoo-Umhang begeben.

Jack Dupree, Musikerlegende, ein abenteuerliches Leben. Am 4. Juli 1910, also auf den Tag genau zehn Jahre nach Louis Armstrong und wie dieser in New Orleans geboren, im Waisenhaus groß geworden, mit 14 von der Schule, für Geld auf der Straße gesungen, Klavierspielen gelernt. Die Lumpen vom Ku-Klux-Klan haben ihm mal das Haus über dem Kopf angezündet. Profiboxer wurde er (daher »Champion«), kreuz und quer durch die USA ist er gezogen, im Krieg diente er als Koch in der Marine. Als Pianist war er, neben Fats Domino und Professor Longhair, einer der herausragenden Vertreter des typischen Louisiana-Piano-Stils, als Sänger einer der ersten, der das Element der Komik gleichberechtigt neben der genretypischen Blues-Schwermut einsetzte. (Darin hat Jochen ihm auch nachgeeifert.) Viele seiner selbstgeschriebenen Songs handelten von umwerfend witzigen, schrulligen Begebenheiten. Mit fast allen englischen Musikern der 60er-Jahre-Blues-Revolution hat er gespielt, von John Mayall über Jeff Beck bis Eric Clapton; alle hat er den Blues gelehrt, war ihnen ein väterlicher Freund.

Und nun sitzt er hier auf dem Sofa im blitzsauberen Wohnzimmer des pensionierten Westerländer Lehrerehepaares Ernst-Joachim und Gerda Bohnsack. Bedächtig führt er die Kaffeetasse zum Mund, mampft Gerdas legendären Käsekuchen, grummelt und brummelt ein bisschen, spinnt sein Garn, erzählt, stets etwas bruchstückhaft, im behaglichen Singsang des Louisianers, was er vorhin am Strand erlebt und gesehen hat. Am Nacktbadestrand hat er sich rumgetrieben und unbekleidete Frauen herumhüpfen sehen. Er lacht still in sich hinein. Zwischendurch lässt er sich einen Cognac reichen, und dann nochmal einen. Er wirkt einerseits in sich gekehrt, andererseits spürt man, wie wohl er sich fühlt. Mit so einem Mann macht man keine Konversation. Man hört ihm gern zu, auch wenn man nicht alles versteht, was er da so vor sich hin nuschelt. Gerda Bohnsack stets die perfekte Gastgeberin, versucht Champion jeden Wunsch zu erfüllen.

»Noch 'n Stück Kuchen, Herr Dupree?«

»Vielleicht noch 'n kleinen Cognac, Herr Dupree?«

»Nochmal Kaffee nachschenken, Herr Dupree?«

Mir fällt nachher die Aufgabe zu, ihn zum Alten Kursaal zu fahren. Unterwegs blickt er aus dem Fenster, auf die krebsroten Sonnenbrandgesichter der Kurgäste, und nuschelt wieder irgendwas: hospitality, Gastfreundschaft. Der Mann aus New Orleans ist offenkundig gerührt über seine herzliche Aufnahme im Westerländer Familienkreis. »You know«, sagt er, »never had no father, never had no mother. Always on my own.«

Champion Jack Dupree. »So einen findet man nicht wieder«, sagt Jochen, erhebt sich und springt ins Meer.

Ein Winter auf Sylt

Am Anfang war, wie man sich vielleicht erinnert, kurz von Mallorcaliebhabern die Rede. Man kennt ja viele aus eigenem Erleben, ist vielleicht selbst, was gar nicht bestritten werden soll, dem großen Eiland im Mittelmeer freundlich zugetan. An dem ideologischen Kleinkrieg Mallorca gegen Sylt braucht man jedenfalls nicht teilzunehmen.

Der gehobene Mallorcareisende oder -resident legt Wert auf die Feststellung, dass er sich dort keineswegs wie ein gemeiner Pauschaltourist in die Sonne knallt. Nein, ihm geht es um mehr, um viel mehr, auch um das kulturelle Gesamterlebnis, und da passt es gut, dass die französische Schriftstellerin George Sand im vorvorigen Jahrhundert ihr berühmtes Buch *Ein Winter auf Mallorca* geschrieben hat, das in der Gemeinde der bekennenden Liebhaber dieser Insel eine Art Kultstatus genießt. Es gibt dem Mallorcaurlauber gewissermaßen die geisteswissenschaftliche Legitimation, sich immer wieder in ein volles Charterflugzeug zu zwängen. Und für den Chronisten ist es eine unentbehrliche, ergiebige Fundgrube.

Den Sylter befällt manchmal eine Anwandlung von Neid, wenn über George Sands Buch gesprochen wird. Einen vergleichbaren Klassiker kann er nicht aufbieten:

Theodor Storms Ansatz musste, wie anfangs geschildert, fragmentarisch bleiben. Auch Thomas Manns berühmte Stelle aus dem *Zauberberg* hat bereits Erwähnung gefunden. Dass Ernst von Salomon nach dem Zweiten Weltkrieg in Kampen seinen Bestseller *Der Fragebogen* geschrieben hat, macht uns stolz, aber wir wissen auch, dass

der Ort des Schreibens nicht gleichbedeutend mit dessen Sujet ist.
Wo wir einmal bei dem Thema sind, soll natürlich nicht versäumt werden, hier wenigstens einen Teil der grandiosen Seelenwallung des Verlegers Peter Suhrkamp zu protokollieren. Er, der nach dem Krieg in seinem gastfreundlichen Kampener Haus so manchem professionell Wortgewaltigen, der bei ihm wohnte, den Rat gab: »Lassen Sie sich fallen! Werden Sie nicht unruhig, verzweifeln Sie nicht, wenn Sie drei, vier Wochen keine Zeile schreiben können!«, Suhrkamp also fasste sein Sylterlebnis in Worte wie die folgenden: »Ich finde mich im Zentrum einer Landschaftsarchitektur, im Schnittpunkt von drei glatten Flächen, die selbst im Unendlichen des Raumes stehen. Vor den Füßen eilt der ebene Heideboden hemmungslos fort in die Weite. Die Erde unter den Füßen wird fremd, auf der zum Himmelsrand fließenden Fläche wandelt sie sich in der Sonne in unwahrscheinliche Farben, die trotz ihrem dunklen Grund die Schwere des Dinglichen verloren haben.«
Gut gebrüllt, Löwe Suhrkamp, ist man versucht zu sagen, wir stehen ergriffen. »Wird hier Landschaft, Natur und Menschenwerk beschrieben, oder spricht ein Mystiker von heute ins ewig Gestrige hinein?«, fragte sich vor 30 Jahren bang der Literaturhistoriker Kurt Lothar Tank, auch er getroffen von der Wucht dieser Prosa.
Man darf wohl annehmen, dass Mann und Suhrkamp Gerhart Hauptmanns Worte kannten, die jener 1915 auf einer Düne des Listlandes im Norden der Insel gen Himmel geschleudert hatte, im Sommer übrigens, was insofern bemerkenswert ist, als die bemühte Assoziation eher winterlich anmutet: »Es ist hier wie auf den Gletschern eines Hochgebirges! Aber diese Einheit von Schneebergen und weitem Meer schafft einen Anblick von solch erhabenem Geiste, daß mir ist, als habe ich in der Natur nie Ähnliches gesehen.« 17 Jahre später entdeckte, wer genau hinsah, in

der Gärtnerstochter Inken Peters aus Hauptmanns (auch mehrmals verfilmtem) Drama *Vor Sonnenuntergang* eine Listerin als Vorbild: die Bauerntochter Inken Diedrichsen, die während des Ersten Weltkrieges das Postamt von List betreute. Hauptmanns Begegnung mit ihr in jenem Jahr 1915 hat der Fregattenkapitän Fritz Brehmer festgehalten, der den Dichter in einem Boot vom Festland abgeholt und nach List gebracht hatte: »Wir sprachen auf dem Diedrichsenhof vor und saßen wohl zwei Stunden lang bei Inken in dem kleinen, anheimelnden Giebelzimmer, umgeben von ihren Büchern und entzückt von dem herben Charme ihres Wesens und ihrer natürlichen Klugheit, inmitten einer Umwelt, die seit Jahrhunderten in derselben Familie von Schafzüchtern und Seeleuten immer die gleiche gewesen war.«

Der ulkigste und skurrilste literarische Beitrag über Sylt ist Wilhelm Raabes Erzählung *Deutscher Mondschein* aus dem Jahr 1872, und die Art, wie Raabe gleich zu Anfang jedem Pathos abzuschwören gelobt, das spricht, erstens, einem norddeutschen Gemüt aus der Seele, und eine Prise dieser Abstinenz hätte, zweitens, auch manch anderem schreibenden Beobachter gut getan: »Selbstverständlich«, bemerkt nämlich Raabes erzählende Hauptfigur, ein Jurist, »kann ich mich nicht dabei aufhalten, das oft Empfundene und noch häufiger Geschilderte und in Briefen oder durch den Druck Verbreitete von neuem durch eine schriftliche Wiedergabe meiner eigenen Erfahrungen und Gefühle zu berichtigen oder zu bekräftigen. Wogenschlag, Sandhafer und Sandroggen, Möwenflug und vor allem der Westwind machen auf jeden, der von einer deutschen Beamtenexistenz den Schweiß und den Staub abzuspülen hat, einen angenehmen, erfrischenden Eindruck. Sie verfehlten ihre Wirkung auch auf mich nicht.«

Und doch, bei aller Freude an diesen geschliffenen, funkelnden Petitessen und Pretiosen, müssen wir nüchtern

feststellen: Der große Sylter Roman ist noch nicht geschrieben worden.
»Ein Winter auf Sylt«, es wäre ein durchaus reizvoller Ansatz. Nach Neujahr, wenn schätzungsweise 40000 Kurzurlauber, deren gemeinsame Strandspaziergänge ein entfernt postierter Beobachter auch mit einem Truppenaufmarsch verwechseln könnte, wieder abgezogen sind, bricht eine überaus reizvolle Jahreszeit an. Kaum Gäste auf der Insel. In den Kneipen toben ausschließlich hausgemachte Leidenschaften, wenn sie denn toben und nicht in bedächtigem Schweigen versinken. Wer in der Saison vermietet hat, zählt nach, was übrig geblieben ist, zieht Bilanz.
Wenn man Pech hat, herrscht banales Schmuddelwetter, in dem man sich nasse Füße und Schnupfen holt.
Aber es kann eben auch sein, dass klirrender Frost und eisiger Wind dem Leib, dem Hirn und dem Gemüt so gründlich und gnadenlos zusetzen, dass man an menschenleeren Stränden und in gottverlassenen Dünen, wo schon nachmittags um fünf tiefe Dunkelheit herrscht, mit längst bezwungen geglaubten Dämonen und Geistern zu ringen beginnt, was emotional möglicherweise noch aufwühlender ist als Suhrkamps und Hauptmanns sommerliche Empfindungen zusammen.
Und es muss nur kalt genug sein, dann präsentiert uns Mutter Natur eins der schönsten Schauspiele, über die sie gebietet. Sie lässt das Wattenmeer zufrieren: anfangs unmerklich, jede Stunde, jeden Tag ein bisschen mehr, bis es sich eines Tages weigert, den Gesetzen von Ebbe und Flut zu gehorchen, sich vorne zusehends unbeweglicher an die Strandkante fläzt, auch dem Wind nicht mehr gestattet, es in Wallung zu bringen, sich an der Oberfläche schon knisternd und quietschend verfestigt, darunter aber noch gurgelt und blubbert, unförmiger wird, von innen her aufzuquellen scheint, sich langsam auftürmt – während weiter draußen die kräftige Strömung noch dem Frost trotzt, aber

schon die ersten, noch winzigen Eisschollen-Küken in Bewegung setzt.
Schließlich, falls die Regisseurin ihr Stück nicht vorzeitig abbricht und es wieder wärmer werden lässt, erstreckt sich eine riesige arktische Landschaft übereinander getürmter Eisschollen zwischen Strandkante und Hindenburgdamm. Vielleicht scheint die Sonne und wölbt sich über dieser Eiswüste ein strahlend blauer Himmel (was trotzdem nicht verhindern kann, dass einem beinahe die Ohren abfrieren) – dann handelt es sich bei dieser Inszenierung um die Festspiele und die Millionen glitzernder und reflektierender kristallenen Punkte auf dem Eis sind das festliche Rampenlicht. Vielleicht hängen aber auch schwere düstere Wolken am Bühnenhimmel und über der Blidselbucht – dann stülpt sich über den Zuschauer eine Glocke aus tropfnasser grauer Watte; er sieht keine Dünen mehr, keinen Horizont, nur noch wenige Meter Sicht bleiben ihm, und alles, was dahinter kommt, scheint schon Vorbote der Unendlichkeit zu sein.
Winter auf Sylt, das sind aber auch die weithin sichtbaren lodernden Flammen aus riesigen Holz- und Reisighaufen, über die ganze Insel verteilt, an Stränden, auf Deichen und Dünen, immer am 21. Februar. Dies ist das Datum des traditionellen Biikebrennens, eines gemeinschaftlichen Fastnachtsfeuers, das auf einen alten heidnischen Brauch zurückgeht, der mindestens seit dem 16. Jahrhundert besteht und für die Friesen ähnlich bedeutsam ist wie für andere Menschen in unserer Republik Karneval oder Fasching. Mit dem Feuer der Biike (friesisch für Seezeichen) sollten böse Geister vertrieben, die frische Saat geschützt und die Sylter Seefahrer und Walfänger in die neue Saison verabschiedet werden. Jede Inselgemeinde nimmt das Biikebrennen sehr ernst, bestellt einen Redner, der möglichst noch des Friesischen mächtig ist, lässt schon Wochen vorher von Konfirmanden, Rentnern und den Mitgliedern der

Freiwilligen Feuerwehr Bretter, Holzkisten, Reisigbündel, überhaupt alles, was brennbar ist, sammeln, aufschichten – und bewachen.
Denn zum Brauch gehört der teuflische Gegenbrauch: schon vor dem Abend des 21. Februar zum Biikehaufen der Nachbargemeinde schleichen und zündeln. Wer dabei erwischt wird, gehört nach der an den Kneipentresen vorherrschenden Meinung eigentlich selbst ins Feuer, wird aber mit dem Gegenteil bestraft: Ins eiskalte Wasser muss er auf jeden Fall, und wenn er gnädige Rächer findet, darf er dabei die Kleider anbehalten.
Tags drauf ist Petritag, ebenfalls ein traditionell friesisches Fest, das auf eine katholische Zeremonie zurückgeht, nämlich auf den »Petri-Stuhl-Tag« der Inthronisation des ersten Bischofs in Rom. Die Petritag-Bräuche und auch das dazugehörige Datum haben über die Jahrhunderte immer wieder gewechselt. Es gab einen Petritag für Erwachsene und einen für Kinder, manche Dörfer bestimmten das Datum selbst, wobei nur darauf geachtet werden musste, dass es nicht in die Fastenzeit fiel. Erst seit dem Ende des 19. Jahrhunderts folgt der Petritag immer direkt dem Biikebrennen. Heute gehört er vor allem den Kindern und Jugendlichen, die schulfrei haben und mit Volkstanz und friesischen Theateraufführungen die Tradition lebendig halten. Rührend ist der Ehrgeiz der Eltern, ihre Kleinen zum Petritag besonders fein herauszuputzen, sie sogar in friesische Tracht zu stecken und den Töchtern die Haare kunstvoll zu richten.
An beiden Tagen herrscht Hochbetrieb in allen Sylter Küchen, den privaten wie denen der Gasthäuser. Zubereitet und gegessen wird vor allem Grünkohl. Grünkohl in allen Variationen, Grünkohl mit Fleisch, Würsten, Kasseler, Bauchspeck. Unmengen von Grünkohl. Wenn man nicht mehr kann und seinen Teller ermattet zurückschiebt, dann wird doch noch einmal nachgelegt, und es gibt noch ein Bier und noch eins und noch eins, und dazwischen, ruck-

artig weggekippt, Schnäpse, Schnäpse, Schnäpse, klare selbstverständlich, keinen Cognac oder Calvados oder was man sonst für abgehobene Sachen auf dem Festland trinkt, sondern Korn oder Aquavit. Wodka, das geht auch in Ordnung, aber – prego – keinen Grappa. Der hat zum Grünkohl nichts zu suchen, genauso wenig wie die aromatischen süddeutschen Obstbrände, die einen Sylter Gaumen eher verstören.

Dann, wenn wirklich die letzte Portion gegessen, der letzte Klare gekippt ist, erhebt sich der Friese, wankt nicht, steht wie ein Baum und brüllt allen Obrigkeiten dieser Welt seinen unbeugsamen Freiheitswillen entgegen: mit dem Schlachtruf »Lewwer duad üs Slaav!«.

Lieber tot als ein Sklave sein; das Copyright dieses stolzen Satzes liegt beim Sylter Nationalheiligen Pidder Lüng, einem unerschrockenen Kämpfer gegen jedwede Bevormundung seitens des Staates und anderer Autoritäten, dessen weithin leuchtende, aufrührerische Existenz durch die Tatsache, dass es ihn nie gegeben hat, nur geringfügig beeinträchtigt wird. Eine sagen- und legendenumwobene Gestalt ist dieser Hörnumer Fischer, vom Sylter Chronisten C. P. Hansen um 1846 einzig zu dem Zweck erfunden, den Hass der Sylter auf die dänischen Herren kräftig zu schüren.

Hansen hat Pidder Lüng im 15. Jahrhundert angesiedelt und ihm eine Tat zugeschrieben, die nur wahre Helden vollbringen können. Lüng saß mit seiner Familie beim Mittagsmahl, auf dem Tisch dampfte der Grünkohltopf, als Henning Pogwisch, der herrische und arrogante Sohn des Tonderner Amtmannes, mit einer Handvoll dänischer Schläger hereinstürmte, um vom Hausherren längst fällige Abgaben einzutreiben, die dieser sich bisher zu zahlen geweigert hatte. Der Friese forderte die Dänen auf, sofort sein Haus zu verlassen, und erstickte, als die Aufforderung nicht befolgt wurde, Pogwisch im heißen Grünkohl. Nach der Tat floh er und wurde Seeräuber. 1515, so Hansen in seiner Sage, wurde er in Keitum am Galgen hingerichtet. Für den norddeutschen Dichter Detlev von Liliencron war dies der Stoff zu einem großartigen, wortmächtigen und leidenschaftlichen Heldenepos. 1891 veröffentlichte er es, ohne die Insel bis dato jemals betreten zu haben (er kam erst 1904) und ohne sich allzu genau an Hansens Vorlage zu halten. Ob er bei der Niederschrift wusste, dass es Lüng nie gegeben hatte, ist nicht überliefert. Jedenfalls ist es bei Liliencron der Amtmann selbst und nicht dessen Sohn, der im Grünkohl erstickt, was die Heldentat des Fischers natürlich nicht schmälert:

»Einen einzigen Sprung hat Pidder getan,
Er schleppt an den Napf den Amtmann heran,
Und taucht ihm den Kopf ein, und läßt ihn nicht frei,
Bis der Ritter erstickt ist im glühheißen Brei.
Die Fäuste dann lassend vom furchtbaren Gittern,
Brüllt er, die Türen und Wände zittern,
Das stolzeste Wort:
Lewwer duad üs Slaav!«

Grünkohl

wie er im Hause des Autors zubereitet wird

Für 4 Personen:
1,5–2 kg Grünkohl
2 Zwiebeln
2–3 EL Schweine- oder Gänseschmalz
Salz und Pfeffer
1 TL Zucker

Außerdem:
geräucherter Bauchspeck, Mettwurst, Kasseler, Salzkartoffeln

Den Kohl gründlich waschen, Stiele und Strünke entfernen. Die Blätter klein schneiden. In einem großen Topf mit Salzwasser aufkochen und mindestens 1 Stunde kochen lassen. Zwiebeln schälen und in Würfel schneiden. Das Schmalz in einer Pfanne zerlassen und die Zwiebeln darin anbräunen. Über den kochenden Kohl geben. Mit Pfeffer und 1 TL Zucker abschmecken. Geräucherten Bauchspeck und Würste 10 Minuten vor Garzeitende zum Grünkohl geben.
Zum Schluss nochmals mit Salz abschmecken.
Kasseler in einer Pfanne separat braten. Mit Salzkartoffeln oder in Zucker geschwenkten Kartoffeln servieren.

Rezept von Gudrun Th el

Tipp:
Frischen Grünkohl vorzubereiten ist etwas aufwendig. Wer nicht so viel Zeit hat, nimmt tiefgekühlten Grünkohl, der bereits gewaschen und geschnitten ist. Auftauen lassen und nach Packungsanweisung garen. Mit den angegebenen Zutaten anrichten.
Wird der Grünkohl am nächsten Tag wieder aufgewärmt, schmeckt er fast noch besser.

Grünkohl mit Gänsekeulen

Für 4 Personen:
Für den Kohl:
1,5–2 kg Grünkohl
2 mittelgroße Zwiebeln
100 g Gänseschmalz
1 TL Senf
Salz, frisch gemahlener schwarzer Pfeffer
frisch geriebene Muskatnuss

$^1/_2$ l Fleischbrühe
1 große rohe Kartoffel

Für die Gänsekeulen:
4 Gänsekeulen
Salz, Beifuß
100 g Schalotten
1 kleine Orange

Grünkohl putzen, gründlich waschen und etwa 4 Minuten in heißem Wasser überbrühen. Herausnehmen und in fingergroße Stücke schneiden. Zwiebeln schälen und klein schneiden. Gänseschmalz in einen großen Topf geben und die Zwiebeln darin glasig dünsten. Kohl und Gewürze dazugeben, die Brühe dazugießen und alles bei schwacher Hitze 1 Stunde garen. Gelegentlich umrühren. Zum Schluss die Kartoffel reiben, zum Kohl geben und die Flüssigkeit damit binden. Die Gänsekeulen mit Salz und Beifuß würzen und mit etwas Wasser etwa 1 Stunde in den auf 200 °C vorgeheizten Backofen geben, gelegentlich mit dem entstehenden Bratenfond übergießen. Schalotten und Orange schälen und klein schneiden. 10 Minuten vor Ende der Garzeit die Orange und Schalotten mitschmoren. Dazu Kartoffelknödel servieren.

Rezept von Stefan Schober, »List Hüs«

Eine Polemik zum Abschied: Rettet die Makrele!

Jedes Mal, wenn ich an bayerischen Gewässern einen Angler sehe, der am Ufer steht und in totaler Regungslosigkeit verharrt, muss ich daran denken, wie aufregend das früher war, als wir als Kinder am Lister Ellenbogen »auf Makrele« gingen.

Wer Makrelen angelt, steht nicht einfach nur stocksteif da. Wenn er die Angel ausgeworfen hat, spult er mit der rechten Hand die Schnur sofort wieder auf. Gleichzeitig zieht er die Rute von links nach rechts – wie ein Bauer seine Sense. Durch die ständige Bewegung der Blinker oder Fliegen, mit denen die Angelhaken getarnt sind, wird der Makrele die Illusion eines Heringsschwarmes vermittelt, und weil sie Heringe mag, schnappt sie zu.

An besonders guten Tagen zogen wir mit einem Mal so viele Makrelen aus der Nordsee, wie die Angel Haken hatte: sechs, sieben Stück. Die Fische wurden sofort ausgenommen. Wenn wir 30 oder 40 zusammenhatten, radelten wir nach List und verkauften sie an den Türen von Privathäusern und Restaurants für 50 Pfennig das Stück. Sie wurden uns aus den Händen gerissen, denn es traf sich glücklich, dass Kurgäste und Makrelen zur selben Zeit Hauptsaison hatten: im August.

Ich weiß noch, wie meine Mutter – sie war besonders großzügig und gab mir eine Mark pro Fisch – an einem heißen Sommertag vorm Haus stand und wartete. Die Pfanne sei schon heiß, rief sie, ihre Gäste hätten Hunger. Dann wälzte sie gleich drei Makrelen in Mehl, warf sie in das zischende Fett, und die armen Tierchen, die noch vor

einer halben Stunde den Ellenbogen umrunden wollten, zappelten und tanzten in der Bratpfanne.
Wenn die Wirte ihren Gästen sagten: »Heute gibt's gebratene Makrele«, machte das den Blick in die Speisekarte meistens überflüssig. Die Diskussion ging dann höchstens noch darum, ob Weißwein oder Bier dazu, ob Korn oder Aquavit hinterher.
Im Gegensatz zur vornehmen Seezunge hatte die Makrele stets etwas Freches, Aufregendes an sich, und das machte nicht nur ihr unverwechselbares silbrig grün-blaues Streifenkleid: Nein, es war dieser Geschmack, stark und direkt, unverfälscht und durch noch so exotische Gewürze und pikante Beimengungen nicht zu bestechen. Wer Makrele aß, wusste: Ich bin am Meer, ich spüre Ebbe und Flut in mir, ich rieche die Nordsee.
Nun ist, wie uns ein Blick in jedes Fischgeschäft belehrt, die Makrele keineswegs ausgestorben, und man könnte fragen, weshalb ich hier in der erinnerungsseligen Vergangenheitsform schwelge. Die Antwort ist einfach und traurig genug: Kaum ein Restaurant auf Sylt bietet gebratene Makrele an. Nicht mal bei Gosch am Lister Hafen findet man sie regelmäßig auf der Karte, nur selten mal zwischendurch als Sonderangebot, wenn – in einer besonders makrelenreichen Saison – ein örtlicher Fischer ihm welche mitgebracht hat.
Da wird man allerorten bombardiert mit Krabben und Scampi, in Curry oder Hummersoße. Da liegen die Scherentiere im Bassin freudlos auf der Lauer. Da brutzeln die Seezungen, Schollen und Meeräschen. Da locken Matjes, pur, geräuchert oder als Tartar, und, als unverwüstlicher Veteran, der grüne Hering. Da wollen nicht nur Dorsch und Zackenbarsch verzehrt werden, sondern auch ein so weitgereister Fremdling wie der Red Snapper. Wo dieser Angeber herkommt und was er hier will, ist mir schleierhaft.

Nur von unserer heißgeliebten Makrele keine Spur. Was hat der arme Fisch verbrochen, dass er nicht mehr in die Pfanne oder auf den Grill kommt? Passt er vielleicht nicht mehr in diese unsere weltläufigen Zeiten, zu unseren Tischsitten? Wenn ich Sylter Wirte und Küchenchefs auf das Thema anspreche, reden sie meistens unfreundlich von der Makrele und behaupten auch noch, der Gast wolle sie nicht.

Ganz im Ernst: Kann man sich einen Portugiesen vorstellen, der nicht entsetzt wäre, wenn es in den Lokalen seines Heimatlandes keine Sardinen mehr gäbe?

Aber dem Himmel, der Nordsee und der Tradition sei Dank: Es gibt noch genügend Privathaushalte zwischen List und Hörnum, Westerland und Morsum, an deren Herd eine Makrele gebraten, köstlich zubereitet, mit den richtigen Beilagen versehen und als Delikatesse serviert wird.

Und dann – das wollen wir hier ruhig erwähnen – bleibt ja immer noch die Fischer-Vroni in München. Was kann einem tief im Süden Köstlicheres widerfahren als Vronis am Feuer kross gebratene Makrele, serviert in ihrem Restaurant, ihrem Biergarten und ihrem Zelt auf dem Oktoberfest? Man nennt sie, weil aufgespießt, den Steckerlfisch.

Kommt mal runter von eurem hohen Ross und nach Bayern, ihr Friesen und Hanseaten, und lasst ihn euch schmecken.

Makrele als Steckerlfisch

pro Person 1 küchenfertige Makrele
Öl
Salz und Pfeffer

Die Makrelen waschen und den Kopf abtrennen. Einen Spieß in Längsrichtung durch die Makrele stecken und diese mit Öl bepinseln.
Die Fische über dem Holzkohlenfeuer je nach Größe etwa 20 bis 30 Minuten grillen, bis sie gar sind. Dabei häufig wenden. Mit Salz und frisch gemahlenem Pfeffer bestreuen.

Dazu Kräuterbutter und Weißbrot und nach Belieben Salat servieren.

Gegrillte Makrele mit Stachelbeersauce

Für 4 Personen:
250 g frische grüne Stachelbeeren
2 EL Zucker
4 küchenfertige Makrelen
Salz, frisch gemahlener Pfeffer
Zitronensaft
geschmolzene Butter
1 Zitrone
Petersilie

Für die Sauce die Stachelbeeren putzen, waschen, in eine kleine Pfanne geben und gerade eben mit Wasser bedecken. Den Zucker hinzufügen. Zum Kochen bringen und simmern

lassen, bis die Beeren weich sind. Durch ein Sieb streichen. Sollten keine frischen Stachelbeeren erhältlich sein, können auch eingekochte verwendet werden; in diesem Fall die Zucker- und Wassermenge entsprechend anpassen.
Die Makrelen waschen und die Köpfe abschneiden. Das Innere mit Salz, Pfeffer und Zitronensaft einreiben. Makrelen jeweils 4-mal kreuzweise bis fast auf die Gräten einschneiden. Mit geschmolzener Butter bestreichen und unter dem Backofengrill garen, zwischendurch einmal wenden. Sehr heiß mit Zitronenscheiben und Petersilie servieren, die Stachelbeersauce getrennt dazu reichen.

Wie dem vorliegenden Buch unschwer zu entnehmen ist, wuchs Andreas Odenwald auf Sylt auf und verbringt auch heute noch einen Großteil seiner Zeit dort. »Jedes Mal, wenn ich wieder weg muss, reißt es mir das Herz aus der Brust«, gibt er leicht pathetisch zu Protokoll.
Der freiberuflich schaffende Autor, vormals Jazzkritiker bei der *Welt*, Reporter beim *Stern* und Chefredakteur des deutschen *Playboy*, lebt heute in München in der Nähe des Englischen Gartens, in dem er sich fast so wohl fühlt wie in den Lister Dünen. Wer mit ihm zum Thema Sylt kommunizieren möchte, schreibt ihm an die eigens zu diesem Zweck eingerichtete E-Mail-Adresse: SeuteLiese@aol.com.

Quellen

Fritz Brehmer über Gerhart Hauptmann und Inken Diedrichsen in: Kurt Lothar Tank, »Gerhart Hauptmann in Selbstzeugnissen und Bilddokumenten«, Rowohlt Taschenbuchverlag, Reinbek, 1997.

Elisabeth Castonier, »Stürmisch bis heiter. Memoiren einer Außenseiterin«, Nymphenburger Verlagshandlung, München, 1964.

Gerhart Hauptmann, »Vor Sonnenuntergang«, S. Fischer Verlag, Berlin, 1932.

Detlev von Liliencron, »Pidder Lüng«, 1891, aus: Zweibändige Gesamtausgabe, Insel Verlag, Frankfurt/M., 1977.

Pidder Lüng in: »Sylter Sagen«, hg. von Wilhelm Jessen nach Schriften des Heimatforschers Christian Peter Hansen. Hansen und Hansen, Itzehoe, 1976.

Thomas Mann, »Der Zauberberg«, S. Fischer Verlag, Berlin, 1924.

Wilhelm Raabe, »Deutscher Mondschein«, Stuttgart, 1873.

Theodor Storm, »Sylter Novelle/Der Schimmelreiter« Westholsteinische Verlagsanstalt Boyens und Co., Heide, 1971.

Kurt Lothar Tank, »Sylter Lesebuch«, Ullstein Verlag, Frankfurt/M.–Berlin, 1973.

Peter Suhrkamp, »Die nordfriesische Insel«, aus: »Geschichte und Gestalt einer Insel«, hg. von Margot und Nico Hansen, Verlag Hansen und Hansen, Itzehoe, 1967.

Sachregister

Rezepteregister

Die Grundzutaten sind alphabetisch aufgeführt: So lassen sich die einzelnen Rezepte leicht finden. Fleischlose Rezepte sind kursiv gesetzt.

Inhalt

1391
3